Liberdade, liberdade

Livros de Millôr Fernandes na Coleção **L&PM** POCKET

Hai-Kais
O livro vermelho dos pensamentos de Millôr
Millôr Definitivo – A bíblia do caos
Poemas
A viúva imortal

Teatro
Um elefante no caos
Flávia, cabeça, tronco e membros
O homem do princípio ao fim
Kaos
Liberdade, liberdade (com Flávio Rangel)

Traduções e adaptações teatrais

As alegres matronas de Windsor (Shakespeare)
A Celestina (Fernando de Rojas)
Don Juan, o convidado de pedra (Molière)
As eruditas (Molière)
Fedra (Racine)
Hamlet (Shakespeare)
O jardim das cerejeiras (Tchékhov)
Lisístrata (Aristófanes)
A megera domada (Shakespeare)
Pigmaleão (Bernard Shaw)
O rei Lear (Shakespeare)

Flávio Rangel
&
Millôr Fernandes

Liberdade, liberdade

www.lpm.com.br
L&PM POCKET

Coleção **L&PM** POCKET, vol. 18

Texto de acordo com a nova ortografia.

Este livro foi publicado pela L&PM Editores em formato 14x21cm, em 1987
Primeira edição na Coleção **L&PM** POCKET: abril de 1997
Esta reimpressão: abril de 2023

Capa: Ivan Pinheiro Machado. *Ilustração*: iStock
Revisão: Renato Deitos

ISBN 978-85-254-0627-9

F363L   Fernandes, Millôr, 1924-2012
          Liberdade, liberdade / Millôr Fernandes e Flávio
    Rangel. – Porto Alegre: L&PM, 2023.
    128 p. ; 18 cm. – (Coleção L&PM POCKET)

    1. Ficção brasileira-Teatro. I.Título. II.Série.

                            CDU 869.92
                            CDU 869.0(81)-2

Catalogação elaborada por Izabel A. Merlo CRB 10/329

© Flávio Rangel
© 2013 by Ivan Fernandes

Todos os direitos desta edição reservados a L&PM Editores
Rua Comendador Coruja 314, loja 9 – Floresta – 90220-180
Porto Alegre – RS – Brasil / Fone: 51.3225.5777

PEDIDOS & DEPTO. COMERCIAL: vendas@lpm.com.br
FALE CONOSCO: info@lpm.com.br
www.lpm.com.br

Impresso no Brasil
Outono de 2023

MILLÔR FERNANDES

MILLÔR FERNANDES (1924-2012). Estreou muito cedo no jornalismo, do qual veio a ser um dos mais combativos exemplos no Brasil. Suas primeiras atividades na imprensa foram em *O Jornal* e nas revistas *O Cruzeiro* e *Pif-Paf*. Estudou no Liceu de Artes e Ofícios do Rio de Janeiro e, já integrado à intelectualidade carioca, trabalhou nos seguintes periódicos: *Diário da Noite*, *Tribuna da Imprensa* e *Correio da Manhã* sofrendo, diversas vezes, censura e retaliações por seus textos. De 1964 a 1974, escreveu regularmente para *O Diário Popular*, de Portugal. Colaborou também para os periódicos *Correio da Manhã*, *Veja*, *O Pasquim*, *Isto É*, *Jornal do Brasil*, *O Dia*, *Folha de São Paulo*, *Bundas*, *O Estado de São Paulo*, entre outros. Publicou dezenas de livros, entre os quais *A verdadeira história do paraíso*, *Poemas*, *Millôr definitivo – A bíblia do caos* e *O livro vermelho dos pensamentos de Millôr*. Suas colaborações para o teatro chegam a mais de uma centena de trabalhos, entre peças de sua autoria, como *Flávia, cabeça tronco e membros* (1963), *Liberdade, liberdade* e *O homem do princípio ao fim* (ambas de 1965), e adaptações e traduções teatrais, como *Gata em telhado de zinco quente*, de Tennessee Williams, *A megera domada*, de Shakespeare, *Pigmaleão*, de George Bernard Shaw, e *O jardim das cerejeiras*, de Anton Tchékhov.

FLÁVIO RANGEL

FLÁVIO RANGEL nasceu em 1934. Dirigiu mais de oitenta espetáculos de teatro e televisão, traduziu dezenove peças, escreveu cinco livros (entre os quais *Diário do Brasil*, publicado pela editora Paz e Terra), e colaborou em várias revistas e jornais. Participou da revitalização do teatro brasileiro a partir da década de 50 e trabalhou com os mais importantes encenadores e atores do país. Com Millôr Fernandes escreveu *Liberdade, liberdade*, uma das mais importantes montagens do Grupo Opinião e que também foi dirigida por ele. Entre seus trabalhos como diretor, estão: *O pagador de promessas*, *A morte do caixeiro viajante*, *Édipo Rei*, *Piaf* e *Cyrano de Bergerac*, sua última grande produção. Rangel morreu em 1988.

Liberdade, liberdade estreou no dia 21 de abril de 1965, no Rio de Janeiro, numa produção do Grupo Opinião e do Teatro de Arena de São Paulo.

Os papéis foram representados por

Paulo Autran

Nara Leão

Oduvaldo Vianna Filho

com a participação especial de Tereza Rachel.

Direção de Flávio Rangel.

O *New York Times* comenta *Liberdade, liberdade*

Espetáculo mistura protesto, humor e música

"Os espetáculos teatrais que elevam a voz com protestos políticos contra o regime semimilitar do Brasil estão produzindo, no País, bom entretenimento e uma nova visão dramática.

A estreia, nesta semana, num teatro improvisado, de *Liberdade, liberdade* (Liberty, liberty), o mais ambicioso dos espetáculos de protesto, transformou-se imediatamente num sucesso público.

A atual produção seguiu-se à brilhante carreira de *Opinião* (Opinion), que iniciou o novo movimento de teatro político. Depois de dois meses no Rio, *Opinião* está, neste momento, sendo exibido para casas cheias em São Paulo.

Essas produções refletem o amplo sentimento existente entre os jovens intelectuais brasileiros de que o regime do presidente Humberto Castelo Branco, com sua forte posição anticomunista, é hostil à liberdade cultural e intolerante quanto a críticas de esquerda no que se refere às condições econômicas e sociais do País.

ATACADAS AS COMISSÕES DE INQUÉRITO

Essa atitude encontra campo para ataques nas atividades das comissões militares de inquérito, as quais prenderam muitos estudantes, professores e intelectuais por se envolverem em atividades "subversivas". Tem havido também expurgos de *esquerdistas* nas universidades, e apreensão de livros.

"Neste momento é dever do artista protestar", disse Flávio Rangel, diretor de *Liberdade, liberdade*. Os noventa minutos do espetáculo exibem um apanhado de acontecimentos históricos, do julgamento de Sócrates à condenação a trabalhos forçados de um poeta soviético desempregado, tudo ilustrando o sentido geral da liberdade.

Paulo Autran, o astro principal entre os quatro intérpretes que representam no palco vazio, pronuncia, sob a luz de um único *spotlight*, a última palavra da peça: "Resisto!" A audiência de trezentas pessoas, que tinha pago o equivalente a um dólar e vinte e cinco centavos por pessoa para sentar amontoada, levantou-se e aplaudiu vibrantemente. Alguns gritavam "Bravos!".

Contudo, o que parecia conquistar a audiência era o fato da irada mensagem da peça vir temperada com humor, música e um otimismo ansioso com respeito ao futuro do Brasil.

Embora Mr. Autran tenha belos momentos de representação como Marco Antônio, Danton e Lincoln, havia uma atmosfera íntima, de sala de estar, entre os espectadores de camisa esporte e vestidos de algodão, e os atores, todos vestidos com roupas modernas e informais.

As farpas são humorísticas

As autoridades, incluindo os militares, recebem suas farpadas humorísticas. Numa cena, reconstruindo a invenção da guilhotina, comenta-se que a máquina só funciona eficientemente em pessoa com pescoço. O presidente Castelo Branco é notoriamente deficiente disso.

A peça insinua que os militares, atualmente, têm voz decisiva em muitos assuntos fora de sua competência profissional. Um militar afirma, falando de um problema civil: "Ora, isso pode ser resolvido por qualquer criança de três anos!" E depois de um momento de embaraço, acrescenta: "Tragam-me uma criança de três anos!"

Entre os textos históricos e uma cena de Bertolt Brecht sobre a Alemanha Nazista, os autores reconhecem que nem tudo é tão negro no regime Castelo Branco.

"Se o governo continuar deixando os jornais fazerem certos comentários, se o governo continuar deixando este espetáculo ser representado, e se o governo permitir que o Supremo Tribunal continue dando *habeas corpus* a três por dois, nós vamos acabar caindo numa democracia!", diz um ator.

A frase se refere especificamente à decisão do Supremo Tribunal libertando o ex-governador de Pernambuco Miguel Arraes, que estava em prisão militar como "principal figura da conspiração comunista internacional" contra o Brasil, segundo palavras de militares que representam a *linha dura*".

The New York Times
(25 de abril de 1965)

A Liberdade de
Millôr Fernandes

> Também não sou um homem livre.
> Mas muito poucos estiveram tão perto.
>
> Epígrafe para o livro *Um Elefante no Caos*.

Aceitei, de Flávio Rangel, o convite para escrever com ele o presente espetáculo, por dois motivos: 1º) Porque sou um escritor profissional. 2º) Porque acho esse negócio de liberdade muito bacana.

Não tenho procurado outra coisa na vida senão ser livre. Livre das pressões terríveis da vida econômica, livre das pressões terríveis dos conflitos humanos, livre para o exercício total da vida física e mental, livre das ideias feitas e mastigadas. Tenho, como Shaw, uma insopitável desconfiança de qualquer ideia que já venha sendo proclamada por mais de dez anos.

Mas paremos por aqui. Isso poderia se alongar por várias laudas e terminar em tratado que ninguém leria. Tentamos fazer um espetáculo que servisse à hora presente, dominada, no Brasil, por uma mentalidade que, sejam quais sejam as suas qualidades ou boas intenções, é nitidamente borocochô. E cuja palavra de ordem parece ser retroagir, retroagir, retroagir. E como não queremos retroagir senão para a frente, mandamos aqui a nossa modesta brasa, numa forma que, para ser válida e atingir seus objetivos espetaculares, tinha que ser teatralmente atraente. Se conseguimos ou não o nosso objetivo deverão dizê-lo as poltronas cheias (ou vazias) do teatro.

Fizemos, em suma, uma liberdade como podia concebê-la a modéstia e as limitações de nossas mentalidades – minha e de Flávio Rangel – sottosviluppatas. Mas também vocês não iam querer um liberdadão enorme, feito aquela que está em Nova York. A gente tem que começar por baixo. Como os Estados Unidos, por exemplo: começou com um país só.

A Liberdade de
Flávio Rangel

> Liberdade, essa palavra que o sonho humano alimenta, que não há ninguém que explique e ninguém que não entenda.
>
> Cecília Meireles, *Romanceiro da Inconfidência*.

Uma seleção de textos não é uma ideia nova no teatro moderno. É nova aqui no Brasil, onde tudo é novo, inclusive a noção de liberdade. Quando Millôr e eu resolvemos selecionar uma série de textos sobre o tema, tivemos a presunção de gravar seu som no coração dos nossos ouvintes.

É evidente que existe um motivo principal para este espetáculo no momento em que vive nosso País. *Liberdade, liberdade* pretende reclamar, denunciar, protestar – mas sobretudo alertar.

Nas páginas finais de *Les Mots*, Jean-Paul Sartre diz que durante muito tempo tomou sua pena por uma espada, e que agora conhece sua impotência – mas apesar de tudo escreve livros. Eu também tenho minhas dúvidas que um palco seja uma trincheira – mas faço o que posso.

A Liberdade de Paulo Autran

Tenho quinze anos de teatro.

Só há pouco tempo atingi uma posição profissional que me permite escolher os textos que vou representar.

Poder interpretar num mesmo espetáculo, farsa, drama, comédia, tragédia, textos íntimos, épicos, românticos, é tarefa com que sonha qualquer ator, principalmente quando os autores se chamam Shakespeare, Beaumarchais, Büchner, Brecht, Castro Alves, Carlos Drummond de Andrade, Cecília Meireles, Manuel Bandeira, Sócrates...

A responsabilidade é pesada, o trabalho é árduo; mas o prazer, a satisfação de viver palavras tão oportunamente concatenadas, ou tão certas, ou tão belas, compensa tudo.

Se o público compreendê-las, assimilá-las e amá-las, teremos lucrado nós, eles, e o País também. Se isso não acontecer a culpa será principalmente minha, mas pelo menos guardarei dentro de mim a consoladora ideia de que tentei.

Por isso escolhi a Liberdade...

1ª PARTE

(Ainda com as luzes da plateia acesas, ouvem-se os primeiros acordes do Hino da Proclamação da República.[1] Apaga-se a luz da plateia. Ao final da Introdução, um acorde de violão, e Nara Leão canta, ainda no escuro.)

NARA

Seja o nosso País triunfante,
Livre terra de livres irmãos...

CORO

Liberdade, liberdade,
Abre as asas sobre nós,
Das lutas, na tempestade,
Dá que ouçamos tua voz...

(Acende-se um refletor sobre Paulo Autran. Ele diz.)

---

[1]. Trecho do *Hino da Proclamação da República*, de Leopoldo Miguez e Medeiros e Albuquerque.

Paulo

Sou apenas um homem de teatro. Sempre fui e sempre serei um homem de teatro. Quem é capaz de dedicar toda a vida à humanidade e à paixão existentes nestes metros de tablado, esse é um homem de teatro.[2] Nós achamos que é preciso cantar (*Acordes da* Marcha da Quarta-Feira de Cinzas[3]) – Agora, mais que nunca, é preciso cantar. Por isso,

"Operário do canto, me apresento[4]
sem marca ou cicatriz, limpas as mãos,
minha alma limpa, a face descoberta,
aberto o peito, e – expresso documento –
a palavra conforme o pensamento.
Fui chamado a cantar e para tanto
há um mar de som no búzio de meu canto.
Trabalho à noite e sem revezamentos.
Se há mais quem cante, cantaremos juntos;
Sem se tornar com isso menos pura,
A voz sobe uma oitava na mistura.
Não canto onde não seja a boca livre,
Onde não haja ouvidos limpos e almas
afeitas a escutar sem preconceito.
Para enganar o tempo – ou distrair
criaturas já de si tão mal atentas,
não canto... Canto apenas quando dança,
nos olhos dos que me ouvem, a esperança."

---

2. Baseado em textos de Louis Jouvet e de Jean Louis Barrault, do livro *Je Suis Homme de Théatre*.

3. *Marcha da Quarta-Feira de Cinzas*, de Vinícius de Morais e Carlos Lyra.

4. Versos de Geir Campos, do poema *Da Profissão do Poeta*.

CORO

E no entanto é preciso cantar,
mais que nunca é preciso cantar,
é preciso cantar e alegrar a cidade...

(Inversão do foco de luz, que de Paulo vai para Nara.)

NARA

A tristeza que a gente tem,
Qualquer dia vai se acabar,
Todos vão sorrir,
Voltou a esperança
É o povo que dança
Contente da vida,
Feliz a cantar.

CORO

Porque são tantas coisas azuis
Há tão grandes promessas de luz,
Tanto amor para amar de que a gente nem sabe...

(Inverte-se novamente o foco de luz de Nara para Paulo.)

PAULO

Canto apenas quando dança,
Nos olhos dos que me ouvem, a esperança.

Escurecimento

(Assim que se apaga o foco de luz, começa um rufo forte de bateria. O rufo diminuirá quando os atores começarem a falar, e cada um deles falará com um foco de luz sobre si. As frases devem ser ditas com veemência.)

VIANNA

Voltaire: Não concordo com uma só palavra do que dizeis, mas defenderei até a morte vosso direito de dizê-las!

TEREZA

Mme. Roland, guilhotinada pela Revolução Francesa: Liberdade, liberdade, quantos crimes se cometem em teu nome!

PAULO

Abraão Lincoln: Pode-se enganar algumas pessoas todo o tempo; pode-se enganar todas as pessoas algum tempo; mas não se pode enganar todas as pessoas todo o tempo!

VIANNA

Benito Mussolini: Acabamos de enterrar o cadáver pútrido da liberdade!

TEREZA

Danton: Audácia, mais audácia, sempre audácia!

PAULO

Barry Goldwater: A questão do Vietnã pode ser resolvida com uma bomba atômica!

VIANNA

Napoleão Bonaparte: A França precisa mais de mim do que eu da França!

TEREZA

Osório Duque Estrada: E o sol da liberdade em raios fúlgidos, brilhou no céu da Pátria nesse instante!

PAULO

Aristóteles: As tiranias são os mais frágeis governos!

VIANNA

Moisés: Olho por olho, dente por dente!

TEREZA

Luis XIV: O Estado sou eu!

PAULO

Federico García Lorca: Verde que te quiero verde!

VIANNA

Adolf Hitler: Instalaremos Tribunais Nazistas e cabeças rolarão!

TEREZA

Anne Frank, menina judia assassinada pelos nazistas: Apesar de tudo eu ainda creio na bondade humana!

PAULO

John Fitzgerald Kennedy: Não pergunteis o que o país pode fazer por vós, mas sim o que podeis fazer pelo país!

VIANNA

Bernard Shaw: Há quem morra chorando pelo pobre: eu morrerei denunciando a pobreza!

TEREZA

Iuri Gagarin: A Terra é azul!

PAULO

Tiradentes: Cumpri minha palavra: Morro pela liberdade!

VIANNA

Artigo 141 da Constituição Brasileira: É livre a manifestação de pensamento!

TEREZA

Castro Alves: Auriverde pendão da minha terra, que a brisa do Brasil beija e balança!

PAULO

Winston Churchill: Se Hitler invadisse o Inferno, eu apoiaria o demônio!

VIANNA

Sócrates é um mau ateniense e corrompe a juventude!

PAULO

Que os quinhentos juízes do povo de Atenas ouçam a minha defesa! A pena de morte pende sobre minha cabeça!

(Entra luz geral. Cessa o rufar de tambor que até agora acompanhou todas as frases. Pausa de Paulo. Depois aponta Vianna.)

Meletos me acusa de corromper a juventude; mas eu afirmo que Meletos mente.

(Paulo e Vianna assumem suas posições para a cena, um tribunal imaginário. Inversão de luz, permanecendo apenas um foco para Tereza.)

TEREZA

Sócrates: varão de Atenas, soldado, pensador, místico. Condenado à morte em 399 Antes de Cristo, poderia ter-se libertado com um pedido de clemência.

Preferiu a cicuta. Seu julgamento, com palavras textuais de Platão,[5] termina aqui:

(Volta luz geral na cena. Tereza retira-se. Paulo caminha pela arena e depois dirige-se a Vianna.)

PAULO

Respondei ao acusado, Meletos, como manda a lei: preocupai-vos muito com a educação da juventude?

VIANNA

Claro.

PAULO

Dizei então aos juízes quem aprimora a juventude.

VIANNA

As leis aprimoram a juventude.

PAULO

Eu quero saber quem lida com as leis.

VIANNA

Os juízes.

PAULO

Portanto, os juízes deste tribunal aprimoram a juventude?

VIANNA

Sem dúvida.

PAULO

Todos eles, ou uns sim e outros não?

---

5. Trechos extraídos dos textos originais, encontrados nos *Great Books*, edição da Enciclopédia Britânica. Tradução, redução, montagem e dramatização pelos autores do espetáculo.

VIANNA
Todos eles.

PAULO
Oh, graças a Deus. Então temos muitos aprimoradores e educadores da juventude. E a audiência aqui presente – é composta de pessoas que aprimoram a juventude?

VIANNA
Sim.

PAULO
E os senadores?

VIANNA
Os senadores dão excelente exemplo à juventude.

PAULO
E os membros da Assembleia? Ou quem sabe esta se compõe de corruptores da juventude?

VIANNA
Eles instruem e melhoram a juventude.

PAULO
Então todos os atenienses aprimoram a juventude e o único corruptor sou eu?

VIANNA
Exatamente.

PAULO
Desejo agora fazer uma pergunta sobre cavalos. É possível que só um homem trate mal os cavalos e todos os outros os tratem bem? A verdade não é exatamente o contrário? Só um homem – o treinador – está capacitado a tratar bem dos cavalos?

Vianna

Eu não...

Paulo

Não é certo? A juventude não seria muito feliz se tivesse um único corruptor e todos os outros cidadãos como aprimoradores?

Vianna

Não é exatamente...

Paulo

Ora, segundo vós, eu corrompo os jovens porque lhes ensino a desrespeitar os deuses do Estado e crer em novas divindades espirituais.

Vianna

Pus toda a ênfase nessa acusação.

Paulo

E no entanto afirmais que eu sou um ateu completo e um instrutor de ateísmo?

Vianna

Um ateu completo!

Paulo

(Dirigindo-se ao público.)

Não posso deixar de pensar, homens de Atenas, que Meletos é atrevido e impudente e irresponsável e cheio de bravatas juvenis. Pois me vê culpado por acreditar em deuses e me vê culpado por ser ateu. Como posso acreditar em semideuses e não acreditar em deuses? Como posso não acreditar nos homens e acreditar nos feitos humanos? Conheceis alguém que acredite em cavalaria e não acredite em cavalos? Ou num flautista sem flauta? Pode um homem acreditar em forças espirituais e divinas sem acreditar em deuses? *(Pausa. Dirige-se a Vianna.)* – Respondei, Meletos, é a vós que pergunto.

VIANNA

(Depois de uma pausa.)

Não pode.

PAULO

(Novamente para a plateia.)

Senhores, já fui muito longe para me defender das acusações de Meletos. Não estou aqui para falar em meu benefício, mas no vosso. Se tivésseis a sabedoria de esperar mais um pouco, vosso desejo de me extinguir seria satisfeito pela própria natureza. Tenho setenta e dois anos – sou bem velho como vedes – e não muito distante do fim. Se me matardes agora, porém, todos os detratores de Atenas se apressarão em gritar que matastes Sócrates, um sábio. Pois sempre que quiserem vos atacar, eles me chamarão de sábio, mesmo que não o achem. Serei condenado não por corruptor mas pela inveja e perfídia dos ambiciosos, que têm provocado a morte de tantos varões íntegros e pelos séculos afora provocarão a morte de muitos mais. Não podeis me ferir, porque não podeis me atingir. Podeis apenas matar-me, exilar-me, ou cassar meus direitos políticos. Mas eu não sou o primeiro; e não há perigo que eu seja o último.

Escurecimento

(Depois de um rápido instante, volta a luz geral da cena. Estão Paulo, Nara, Vianna e Tereza.)

VIANNA

(Bem sério, mas neutro, autoritário) – E aqui, antes de continuar este espetáculo, é necessário que façamos uma advertência a todos e a cada um[6]. Neste momento, achamos fundamental que cada um tome uma posição definida. Sem que cada um tome uma posição definida, não é possível continuarmos. É fundamental que cada um tome uma posição, seja para a esquerda, seja para a direita. Admitimos mesmo que alguns tomem uma posição neutra, fiquem de braços cruzados. Mas é preciso que cada um, uma vez tomada sua posição, *fique nela!* Porque senão, companheiros, as cadeiras do teatro rangem muito e ninguém ouve nada.

(Uma pausa. Depois, Tereza fala.)

TEREZA

Mil e muitas mil são as liberdades humanas. Numa rápida discussão, os autores deste espetáculo conseguiram fixar algumas delas. A fundamental: liberdade física, ser dono do próprio corpo, poder ir e vir livremente.

---

6. Trecho introduzido no espetáculo no dia da estreia, a pedido do arquiteto Lúcio Costa que, tendo assistido ao ensaio geral, sugeriu aos autores que fizessem alguma coisa com referência ao lamentável barulho das cadeiras do teatro. Não podendo apelar para a engenharia, os autores apelaram para o humor.

NARA E CORO

Vai, vai, vai pra Aruanda[7]
Vem, vem, vem de Luanda
Deixa tudo que é triste, vai,
Vai, vai pra Aruanda.

VIANNA

Depois dessa liberdade, que já é uma conquista do ser humano, a mais importante é a liberdade econômica:

NARA

Etelvina! Acertei no milhar![8]
Ganhei cinco mil contos,
Vou deixar de trabalhar.

PAULO

No original era quinhentos contos, mas fizemos a correção monetária.

NARA

Eu vou comprar um avião azul
e percorrer a América do Sul.

TEREZA

Infelizmente, a liberdade econômica é ainda uma ilusão:

NARA

Mas de repente, mas de repente,
Etelvina me acordou
– está na hora do batente –

---

7. Trecho de *Aruanda*, de Carlos Lyra e Geraldo Vandré.

8. Trecho de *Acertei no Milhar*, samba de Moreira da Silva.

Coro

Mas de repente, mas de repente,
Etelvina me acordou
Foi um sonho, minha gente.

Paulo

O direito à habitação:

Nara

Eu nasci pequenininho[9]
Com a sorte que Deus me deu;
Todo mundo mora direito,
Quem mora torto sou eu;
Eu não tenho onde morar,

Coro

É por isso que eu moro na areia
Eu não tenho onde morar,
É por isso que eu moro na areia.

Vianna

A liberdade de profissão:

Paulo

Entra pra dentro, Chiquinha![10]
Entra pra dentro, Chiquinha!
No caminho que você vai
Você acaba prostituta!
E ela:
– Deus te ouça, minha mãe...
Deus te ouça...

---

9. Trecho de *Moro na Areia*, de Dorival Caymmi.
10. *Predestinação*, de Ascenço Ferreira. O poema está na íntegra, e foi extraído de seu livro *Catimbó e Outros Poemas.*

VIANNA

Para que o cidadão do país seja mais livre, é preciso que as riquezas produzidas no país fiquem no país!

TEREZA

Muito bem!

NARA

Seu português agora deu o fora[11]
Foi-se embora e levou meu capital;
Esqueceu quem tanto amou outrora,
Foi no Adamastor pra Portugal

CORO

Pra se casar com a cachopa
E eu pergunto –

NARA

Com que roupa?

TEREZA

Conquista do ser humano: o direito ao lazer:

PAULO

Hora de comer – comer![12]
Hora de dormir – dormir!
Hora de vadiar – vadiar!
Hora de trabalhar?
– Pernas pro ar que ninguém é de ferro!

---

11. Trecho de *Com que Roupa?*, de Noel Rosa.
12. *Filosofia*, de Ascenço Ferreira. Retirado do livro já citado.

Vianna

Sempre que mais de meia dúzia de pessoas se reúnem, a liberdade individual cede aos interesses coletivos.

Tereza

Para isso, as Nações organizam constituições; e não apenas as Nações:

Nara

Aliás, pelo artigo 120[13]
O cavalheiro que fizer o seguinte:
Subir na parede, dançar de pé pro ar,
Morar na bebida, sem querer pagar
Abusar da umbigada, de maneira folgazã,
Prejudicando hoje o bom crioulo de amanhã;

(Os atores se dirigem ao centro da arena, juntamente com o Coro.)

Todos

Será devidamente censurado,
E se balançar o corpo, vai pra mão do delegado.
Será devidamente censurado
E se balançar o corpo
Vai pra mão do delegado!

Escurecimento

(Ainda no escuro ouve-se a voz de Vianna, gritando.)

Vianna

Liberdade! Independência!
A tirania está morta!

---

13. Trecho de *Estatutos da Gafieira*, de Billy Blanco.

Proclamai-o pelas ruas!
César está morto!

(Luz sobre Tereza.)

TEREZA

Frases dos conspiradores que assassinaram Júlio César. Na cena de Shakespeare,[14] Marco Antônio dirige-se ao povo:

(Luz geral.)

CORO
Liberdade!

PAULO
Amigos!

CORO
Independência!

PAULO
Romanos!

VIANNA
A tirania está morta!

PAULO
Patrícios!

VIANNA
Proclamai-o pelas ruas: César está morto!

---

14. Trecho retirado da cena II, do terceiro ato da tragédia *Júlio César*, de William Shakespeare. A tradução, redução e adaptação do discurso de Marco Antônio são de responsabilidade dos autores.

Paulo

Prestai-me atenção!
Eu vim para enterrar César, não para elogiá-lo.
O mal que os homens fazem vive depois deles.
O bem é quase sempre enterrado com seus ossos.
Seja assim com César.

(Enquanto disse as frases acima, Paulo sobe a um praticável. Mudança de luz, com um único foco sobre ele.)

O nobre Brutus vos disse que César era ambicioso;
Se isto é verdade, era um defeito grave.
E gravemente César o pagou.
Aqui – com permissão de Brutus e do resto –,
Pois Brutus é um homem honrado,
Como eles todos são, todos homens honrados,
Eu venho falar no funeral de César.
Ele foi meu amigo, fiel e justo;
Mas Brutus diz que era ambicioso
– e Brutus é um homem honrado.
Trouxe para Roma uma multidão de cativos,
cujos resgates encheram nosso tesouro.
Isto em César parecia ambicioso?
Sempre que os pobres choravam, César se lastimava;
a ambição deveria ser de matéria mais dura.
Mas Brutus diz que era ambicioso,
– e Brutus é um homem honrado.
Eu não falo para desaprovar do que Brutus falou;
Estou aqui para falar do que sei.
Todos vós o amastes, e não sem motivo;
Que motivo vos impede agora de chorar por ele?
Ó justiça! Fostes morar com os animais selvagens
Pois os homens perderam o raciocínio!
Ainda ontem a palavra de César podia enfrentar o mundo;

Mas agora aí jaz
E ninguém tão humilde que o reverencie.
Se tendes lágrimas, preparai-vos agora para derramá-las.
Todos vós conheceis este manto; eu me lembro da
primeira vez em que César o usou.
Olhai: por aqui penetrou a adaga de Cássio;
Vede o rasgão que fez o invejoso Casca.
Por aqui passou o punhal do bem amado Brutus
E ao retirar seu aço maldito
Notai que o sangue de César o seguiu
como correndo à porta, a fim de convencer-se
de que era Brutus mesmo quem batia de modo tão cruel.
Pois Brutus, como o sabeis, era o anjo de César.
Julgai, ó Deuses, como César o amava.
Este foi o golpe mais cruel de todos,
pois quando o nobre César viu-o apunhalando,
a ingratidão, mais forte que a mão dos traidores,
o derrotou completamente; aí seu poderoso coração
      [partiu-se
e escondendo o rosto neste manto,
o grande César caiu aos pés da estátua de Pompeu
que escorria sangue o tempo todo.
Oh, que queda foi aquela, camaradas!
Eu, vós, nós todos caímos nesse instante
Enquanto a traição sangrenta crescia sobre nós.
Eu não vim aqui para acirrar paixões;
apenas falo reto e vos digo somente
o que todos sabeis;
Mas fosse eu Brutus – e Brutus Antônio,
E haveria aqui um Antônio capaz de sacudir as almas,
colocando uma língua em cada ferida de César,
para erguer em revolta as pedras de Roma!
Pois este era um César!
Como ele, que outro haverá?

Escurecimento

(Ainda no escuro, ouve-se a gravação da voz de Edith Piaf, cantando Hymne a L'Amour[15]. *Um foco de luz se acende sobre Teresa. Ela ouve a música alguns segundos e fala.)*

TEREZA

Edith Piaf. Quando morreu, o mundo lamentou em manchetes: "Calou-se a cotovia da França". A voz de Piaf neste espetáculo é porque ela eternizou uma canção revolucionária: *Le Ça Ira*.

(Gravação da voz de Piaf cantando Le Ça Ira. *Um tempo. Depois acende-se um foco de luz sobre Paulo e outro sobre Vianna. Os dois se balançam na ponta dos pés, com ar aparvalhado.)*

PAULO

Juan de las canas,
feroz ciumento
na casa onde mora
botou um mastim
pra guarda da esposa
enquanto está fora.
Mas que coisa interessante!
O cão morde todos –
menos o amante...

VIANNA

Todo mundo sabe bem
quem é sua mãe;
mas ninguém garantir vai
que "este é meu pai"!

---

15. *Hymne a L'Amour*, de Edith Piaf e Marguerite Moneau.

TEREZA

Com estes versos brejeiros e de certo modo proféticos, termina a mais famosa peça de Beaumarchais: *O Casamento de Fígaro*.[16]

(Luz geral.)

VIANNA

A corte de Luís XVI, ignorante e volúvel – pois em sociedade nada se sabe –, assistiu às gargalhadas a peça que Napoleão caracterizou como "a revolução já em marcha".[17]

PAULO

(Andando pela arena, como se estivesse medindo uma sala.)

Dezenove pés por... vinte e seis.

TEREZA

(Experimentando a flor de laranjeira.)

Ouve Fígaro, noivinho querido; fico bem assim?

---

16. *O Casamento de Fígaro*, de Beaumarchais, sucede à sua peça *O Barbeiro de Sevilha*. A importância de ambos os textos para a história do teatro reside no fato de que os protagonistas são homens do povo, em cujas bocas o autor colocou insidiosas e subversivas observações sobre a classe dominante. Os autores colocam Beaumarchais em seu espetáculo também por um motivo de gratidão; é ele o criador das Sociedades de Autores que, no mundo inteiro, defendem os direitos dos que trabalham para o teatro.

17. "A peça encontrou dificuldades para sua representação, especialmente da parte de Luís XVI, que foi praticamente o único a perceber suas tendências perigosas..." *Enciclopédia Britânica*, volume III, página 274.

Paulo

Linda, meu amor; essa flor de laranjeira em tua fronte, na manhã de nossas núpcias, é uma visão de doçura e encanto para o teu esposo enamorado.

(Dá-lhe um beijo e depois continua a medir.)

Tereza

Que é que você tanto mede?

Paulo

Estou vendo se a magnífica cama que o conde nos deu de presente cabe aqui.

Tereza

Neste quarto?

Paulo

Ele nos deu também este quarto.

Tereza

E quem vai dormir aqui? Eu não!

Paulo

Pela Virgem! As pessoas que não ambicionam nada e não arriscam nada, não servem para nada! Este é o quarto mais confortável do palácio. Está exatamente junto dos aposentos do senhor conde e da senhora condessa. Assim, se a condessa se indispõe às duas horas da manhã – zás! –, em um salto estás lá. E se à noite o senhor conde deseja alguma coisa – crac! –, em três saltos, eis-me diante dele.

TEREZA

Mas se de manhã bem cedinho ele te manda levar um recado bem longe – zás! –, em três saltos está na minha porta e – crac! – em um salto está na minha cama.

PAULO

Que queres dizer com isso?

TEREZA

Que, meu bom amigo, o senhor conde, cansado de namorar todas as beldades das redondezas, deseja voltar para o castelo, para o lar... mas não para o seu quarto. Compreendes? *(Cara espantada de Fígaro.)* – Tu pensavas, meu divino amor, que o dote que ganhamos foi por tua bela cara? *(Cara imbecil de Fígaro.)* – Pois saiba, meu bom amigo, que o dote era para que eu concedesse ao conde um pequeno quarto de hora; o direito das primícias dos antigos senhores!

PAULO

Mas isso foi abolido! Se o próprio conde não tivesse abolido essa... sórdida... prerrogativa de seus antepassados, eu não me casaria contigo em seus domínios.

TEREZA

Bem, se aboliu, já desaboliu de novo. E é com a tua noivinha que deseja fazer voltar a lei secretamente.

PAULO

Assim o libertino deseja hoje o que a cerimônia só permitirá a mim amanhã? O Sacripante! E eu que agora mesmo o surpreendi no quarto de Frasquita!

TEREZA

Se é que não foi você o surpreendido.

PAULO

É tal a minha fúria que sinto estalar-me a testa!

(Põe a mão na testa.)

TEREZA

Não diga isso a ninguém! Pois a gente que é agoureira dirá logo que isso é...

PAULO

Tu te ris? Pois bem! Já estou pensando um jeito de enganar o enganador e agredi-lo com os chifres com que me presenteia. Vem cá, dá-me um beijo para aguçar o meu engenho. *(Beijam-se; ela sai.)* – Ah, senhor conde! Senhor conde! Quer então que eu tome mulher para saciar sua gula?! Eu já não entendia por que, me tomando como seu criado, V. S.ª me tratava como embaixador. Quer dizer que enquanto eu corro por um lado, o senhor empurra minha mulher pelo outro? Enquanto eu me mato feito louco para conforto e bem-estar da sua família, V. Ex.ª se interessa pelo crescimento e multiplicação da minha? Que generosa reciprocidade! Que f... Que f... Ah, deixa pra lá.

(Vianna entra, ambos se olham.)

OS DOIS

Oh!

(Escurecimento rápido. Depois, o foco de luz sobre Vianna.)

VIANNA

O famoso escândalo do colar de brilhantes trouxe à tona o profundo ódio que as loucuras de Maria Antonieta haviam levantado contra ela. A declaração de falência total do Estado foi considerada culpa dela. E a Revolução começou:

(Foco de luz sai de Vianna e vai para Nara e Coro.)

NARA

Ah, ça ira, ça ira, ça ira,
Os aristocratas vão à forca.
Ah, ça ira, ça ira, ça ira,
Os aristocratas vão morrer...

(Foco de luz sai de Nara e se acende sobre Vianna e Tereza.)

VIANNA

Audácia, mais audácia, sempre audácia! – gritou um dia Danton!

TEREZA

O Estado sou eu – dissera Louis XIV;

VIANNA

Depois de mim, o dilúvio – gritara Louis XV;

TEREZA

E a França se preparava tranquilamente para executar Louis XVI; por isso a Assembleia Francesa ouvia com respeito e com silêncio o Dr. Guillotin.[18]

(Volta luz geral na cena.)

PAULO

"Com o aparelho que modestamente apresento a esta Assembleia, humanizamos o processo da morte. O me-

---

18. O texto do Dr. Guillotin é autêntico e foi encontrado pelos autores nos originais de um livro – em preparo – de Jamil Almansur Haddad. Para o espetáculo, o texto foi humoristicado.

canismo se abre automaticamente. A lâmina cai como um raio. A cabeça salta, o sangue jorra; era uma vez um homem. Criminoso e carrasco se beneficiam ambos com o processo. E acabamos também com o odioso privilégio de só os nobres serem decapitados. A pena de morte será igual para todos; democrática."

TEREZA

Segundo Noel Rosa, nossa fonte histórica para o caso, Monsieur Guillotin também foi... democratizado.

NARA

A verdade, meu amor, mora num poço...[19]
É Pilatos lá na Bíblia quem nos diz;
E também faleceu por ter pescoço
O infeliz autor da guilhotina de Paris.

PAULO

Enfim, em épocas difíceis é assim mesmo; só não corre perigo quem não tem pescoço.[20]

CORO

Queremos pão, queremos pão, queremos pão...

(O Coro prossegue cantando Queremos pão, em BG, enquanto seguem as frases.)

VIANNA

Morte ao Rei! Viva a República!

TEREZA

Todo poder ao carrasco!

---

19. *Positivismo*, de Noel Rosa.
20. *Honni soit qui mal y pense.*

PAULO
Robespierre é um traidor!

VIANNA
Marat é um traidor!

TEREZA
Danton é um traidor!

PAULO
A Revolução é mais que um crime; é um erro político!

TEREZA
Viva a Revolução!

VIANNA
Queremos pão e pouca conversa!

(Termina o refrão do Coro. Mudança de iluminação, favorecendo unicamente Tereza e Vianna. Eles falam.)

TEREZA
A Revolução Francesa mostrou como a arrogância do idealismo se transforma facilmente em ação bárbara; dezessete mil pessoas foram decapitadas no regime de terror.

VIANNA
Mas a Revolução Francesa foi um grande avanço na História; deixou a primeira Declaração dos Direitos do Homem, com itens fundamentais da nossa vida civil de hoje:

TEREZA
Liberdade individual;

VIANNA

Julgamento por júri;

TEREZA

Abolição da escravatura;

VIANNA

Direito de voto;

TEREZA

Soberania da Nação;

VIANNA

Controle do imposto pelo povo;

TEREZA

E influenciou todos os movimentos de libertação posteriores na Europa,

VIANNA

na Ásia,

TEREZA

na África,

VIANNA

na América do Sul.

TEREZA

Em sua peça *A Morte de Danton*,[21] Büchner retrata o caráter da revolução e seus elementos humanos.

(Mudança de luz, criando o clima para a cena. Luz geral.)

---

21. *A Morte de Danton*, de Büchner. No espetáculo a cena é o resultado da tradução, montagem, redução e dramatização, por parte dos autores, de vários trechos alternados da obra original.

Vianna

Fizeste melhor figura no Tribunal do que aqui na cadeia, Danton. *(Pausa.)* – Gritaste bem no Tribunal: "No Campo de Marte declarei guerra à monarquia; no dia dez de agosto a venci; no dia 21 de janeiro a matei; e aos reis atirei a cabeça decepada de outro rei, como uma luva de desafio!" Muito bem, Danton. "Com o ouro dos ricos minha voz forjou armas para o povo. Alimentei a cria recém-nascida da revolução com as cabeças decepadas dos aristocratas!" Foi brilhante, Danton.

Paulo

Não vou morrer menos por isso, Lacroix.

Vianna

Mas é a glória eterna, Danton. Durante séculos representarão essa cena com você como herói.

Paulo

Prepare-se você também. Glória ou não glória, já ouço os passos do carrasco; vem buscar nossas brilhantes cabeças.

Vianna

Eles têm medo de você, Danton; por isso te matam.

Paulo

(Vendo Tereza que dorme.)

Veja como Júlia dorme. Eu gostaria de ter essa tranquilidade.

Vianna

A tranquilidade está em Deus. Já a terás.

PAULO

Para mim não há Deus nem tranquilidade; eu sou ateu.

VIANNA

Eu não queria morrer. Oh, poder não morrer, não morrer, como diz a canção!

PAULO

(Levantando-se.)

Também não quero morrer, Lacroix! Não podemos desaparecer! Temos de gritar! *(Grita.)* – Eles terão que arrancar cada gota de meu sangue, uma a uma! *(Pausa. Vê Tereza.)* – Oh, tudo que conseguimos foi acordar Júlia. *(Abaixa-se perto dela.)* – Júlia, minha querida. Você está molhada de suor. Teu corpo treme.

TEREZA

Tive um pesadelo horrível. Não falta muito para eu perder o resto de razão que me resta. Não quero dormir, não quero enlouquecer.

PAULO

Eu queria morrer de outra maneira; sem fadiga, sem dor, assim como cai uma estrela. como expira um som, matar-me com beijos de meus próprios lábios, morrer como morre um raio de luz em águas límpidas. *(Ouve--se um ruído. Paulo se levanta, atento.)* – Quem vem lá?

TEREZA

O carrasco.

VIANNA

(Pausa. Depois, levanta-se.)

Transformamos a liberdade numa puta que anda de mão em mão.

PAULO

A liberdade e a puta são as coisas mais cosmopolitas debaixo do sol. Agora a liberdade vai dormir no leito de Robespierre. Mas esse não tem mais que seis meses de vida; logo nos seguirá.

TEREZA

Que importa agora? Nós todos podíamos ter sido amigos, podíamos ter rido juntos...

PAULO

Quando um dia a História abrir nossas sepulturas, o despotismo ficará sufocado com o mau cheiro de nossos cadáveres.

VIANNA

Façamos uma cara digna para a Posteridade. Chegou nossa hora.

TEREZA

Vamos, Danton, coragem!

As rodas da carroça que nos leva à guilhotina abrem as estradas por onde os inimigos vão penetrar no coração da França. É a ditadura. Rasgou seu véu, levanta a cabeça, marcha sobre nossos cadáveres.

VIANNA

(Depois de longa pausa, levanta a cabeça e canta baixinho.)

Allons enfants de la Patrie...[22]

---

22. *La Marseillaise*, hino nacional francês, de origem quase ocasional. Tanto as palavras como a música foram compostas em uma só noite, por Claude Joseph Rouget de Lisle, capitão de engenharia... (cont.)

Tereza

(Também depois de pausa.)

Le jour de gloire est arrivé...

Paulo

(Mesmo jogo.)

Contre nous de la tyrannie...

Os Três

L'étendard sanglant est levé...

Os Três

(Mais forte.)

L'étendard sanglant est levé...

(Mudança de luz; os três permanecem juntos no centro da arena, com um único foco de luz sobre eles, entram o coro e o conjunto musical.)

Todos

Entendez-vous dans les campagnes
Mugir ces féroces soldats?
Ils viennent jusque dans nos bras
Égorger nos fils de nos compagnes
Aux armes, citoyens!
Formez voz bataillons!
Marchons, marchons!
Qu'un sang impur
Abreuve nos sillons!

(cont.) ...O nome atual do hino advém do fato de que as tropas de Marselha a cantaram com indescritível entusiasmo ao entrar em Paris, em 1792. O nome original era: *Canto de Guerra do Exército do Reno*.

Escurecimento

(Luz geral. Paulo sozinho na arena.)

PAULO

Mas afinal, o que é a liberdade?[23]
Apesar de tudo o que já se disse e de tudo o que dissemos sobre a liberdade, muitos dos senhores ainda estão naturalmente convencidos que a liberdade não existe, que é uma figura mitológica criada pela pura imaginação do homem. Mas eu lhes garanto que a liberdade existe. Não só existe, como é feita de concreto e cobre e tem cem metros de altura. A liberdade foi doada aos americanos pelos franceses em 1866 porque naquela época os franceses estavam cheios de liberdades e os americanos não tinham nenhuma. Recebendo a liberdade dos franceses, os americanos a colocaram na ilha de Bedloe, na entrada do porto de Nova York. Esta é a verdade indiscutível. Até agora a liberdade não penetrou no território americano. Quando Bernard Shaw esteve nos Estados Unidos foi convidado a visitar a liberdade, mas recusou-se afirmando que seu gosto pela ironia não ia tão longe. Aquelas coisas pontudas colocadas na cabeça da liberdade ninguém sabe o que sejam. Parecem previsão de defesa antiaérea. Coroa de louros certamente não é. Antigamente era costume coroar-se heróis e deuses com coroas de louros. Mas quando a liberdade foi

---

23. Trecho de um artigo maior, com o mesmo título: *Afinal, o que é a liberdade?*, de Millôr Fernandes, publicado na revista *Pif-Paf*, de 22 de junho de 1964. A revista, como é de domínio público, foi apreendida pelas autoridades, representadas pelo Excelentíssimo Senhor General Paulo Tôrres, governador (não eleito) do Estado do Rio.

doada aos Estados Unidos, nós os brasileiros já tínhamos desmoralizado o louro, usando-o para dar gosto no feijão.

A confecção da monumental efígie custou à França trezentos mil dólares. Quando a liberdade chegou aos Estados Unidos, foi-lhe feito um pedestal que, sendo americano, custou muito mais do que o principal: quatrocentos e cinquenta mil dólares. Assim, a liberdade põe em cheque a afirmativa de alguns amigos nossos, que dizem de boca cheia e frase importada, que o "Preço da Liberdade é a Eterna Vigilância". Não é. Como acabamos de demonstrar, o preço da liberdade é de setecentos e cinquenta mil dólares. Isso há quase um século atrás. Porque atualmente o Fundo Monetário Internacional calcula o preço da nossa liberdade em três portos e dezessete jazidas de minerais estratégicos. *(Foge.)*

Escurecimento

(Foco de luz só sobre Nara.)

NARA

(Acompanhando-se ao violão.)

Feliz o tempo que passou, passou[24]
Tempo tão cheio de recordações
Tantas canções ele deixou, deixou,
Trazendo paz a tantos corações
Quantas canções havia pelo ar
E a alegria de viver...

---

24. *'Té o sol raiar*, de Baden Powell e Vinícius de Morais. Os autores do espetáculo ouviram a música pela primeira vez na *boite* Cave, em São Paulo, cantada por Baden Powell. Quando da estreia da peça, ainda não havia gravação.

(Ilumina-se o coro que agora acompanha Nara.)

Ah, meu amor, que tristeza me dá
Ver o dia querendo amanhecer
E ninguém cantar...
Mas meu bem,
deixa estar
tempo vai
Tempo vem...
E quando um dia esse tempo voltar
Eu nem quero pensar o que vai ser,
Té o sol raiar...
Ah, meu amor que tristeza me dá
Ver o dia querendo amanhecer
E ninguém cantar...

Coro

Mas meu bem
deixa estar
tempo vai
tempo vem...

Nara

E quando um dia esse tempo voltar
Eu nem quero pensar o que vai ser
'Té o sol raiar!

Escurecimento

(Um único foco de luz sobre Paulo Autran. Entra em BG a voz gravada de Nat "King" Cole cantando Nobody knows the trouble I've seen[25]. *Música permanece em BG enquanto Paulo declama.)*

---

25. *Nobody knows the trouble I've seen*, arranjo de Gordon Jenkins e Nat "King" Cole.

PAULO

Estirar os braços[26]
ao sol nalgum lugar
E até que morra o dia
Dançar, pular, cantar!
Depois sob uma árvore
Quando já entardeceu,
Enquanto a noite vem
– negra como eu –
Descansar... é o que eu quero!
Estirar os braços
Ao sol nalgum lugar
Cantar, pular, dançar,
Até que a tarde caia!
E dormir sob uma árvore
– este o desejo meu –
Quando a noite baixar
negra como eu.

(Apaga-se foco de luz e acende-se sobre Vianna.)

VIANNA

O poema é de Langston Hughes. A voz é de Nat "King" Cole. Dois artistas que colocaram sua arte a serviço do grande movimento de libertação dos negros americanos – a Campanha pelos Direitos Civis.

(Apaga-se foco de luz sobre Vianna, acende-se sobre Nara.)

---

26. *Aspiração*, poema de Langston Hughes, traduzido por Manuel Bandeira. Coleção Rubaiyat, da Editora José Olympio. O poema está na íntegra.

Nara

If you miss me at the back of the bus[27]
You can't find me nowhere
Look for me in the front of the bus
I'll be sitting over there.

Coro

I'll be sitting over there, oh
I'll be sitting over there, oh oh
I'll be sitting over there, oh
I'll be sitting over there.

Nara

If you miss me at the cotton field
You can't find me nowhere
Look for me in the City Hall
I'll be voting over there.
I'll be voting over there, oh
I'll be voting over there, oh oh
I'll be voting over there, oh
I'll be voting over there.

(Apaga-se foco de Nara e acende-se em Tereza. A música prossegue em BG.)

Tereza

Esta é uma *freedom song* – canção de liberdade – cantada em todo território americano, entre as grandes manifestações pela igualdade de negros e brancos.

(Luz geral na cena. Vianna vai ao centro.)

---

27. *If you miss me at the back of the bus*, canção folclórica arranjada por Pete Seeger, e largamente cantada nos Estados Unidos. Os autores a ouviram pela primeira vez na Village Vanguard, em Nova York.

Vianna

Início da Declaração de Independência Americana.[28]

Mantemos que estas verdades são evidentes por si mesmas; que todos os homens nascem iguais e são dotados pelo Criador de certos direitos inalienáveis e que entre estes estão a vida, a liberdade, e a busca de felicidade.

(Apaga-se luz geral e acende-se refletor sobre Nara e Coro.)

Nara e Coro

Summertime, when the living is easy[29]
Fish are jumping and the cotton is high
Your daddy is rich and your mama is good looking
So hush, little baby don't you cry...

(Apaga-se refletor sobre Nara e acende-se sobre Vianna)

Vianna

A Declaração de Independência Americana, redigida basicamente por Thomas Jefferson, rompia com a Inglaterra porque:

(Forte rufo de tambor. Luz geral. Paulo Autran vem ao centro da arena.)

---

28. Declaração de Independência Americana, de 4 de julho de 1776. A Declaração tem treze artigos e é assinada por George Washington; a introdução, resumindo o conceito filosófico e político que a inspirou, é de Thomas Jefferson. O texto utilizado no espetáculo é traduzido, condensado e montado pelos autores que o extraíram dos *American State Papers*.

29. *Summertime*, de George e Ira Gershwin. A canção é o início da peça *Porgy and Bess*.

Paulo

O Rei da Grã-Bretanha tenta impor-nos sua tirania,
– fazendo os juízes dependentes de sua vontade;
– mantendo exércitos entre nós em tempo de paz;
– impedindo o julgamento por júri;
– tornando os militares superiores aos civis.

Vianna

Na discussão final desta Declaração, foi cortado um item que condenava a escravatura. A questão racial americana nascia com o país.

Tereza

Em 1965, o problema permanece, causando a explosão do suave Dr. Martin Luther King, Prêmio Nobel da Paz:

Paulo

"A segregação racial é o fruto do concubinato entre a imoralidade e a desumanidade. Não se pode tratá-la com a vaselina da contemporização."[30]

(Sai a luz geral, acende-se refletor exclusivamente sobre Nara.)

Nara

Mine eyes have seen the glory of the coming of my Lord[31]
He is trembling
As He died to make men holy, let us die to make men free
His truth is marching on...

---

30. Da revista *Time*, citado de memória.

31. *The Battle Hymn of the Republic.*

CORO

Glory glory, halleluiah!
Glory, glory, halleluiah
Glory, glory, halleluiah
His truth is marching on!

(Mudança de luz, de Nara para Vianna. O Coro prossegue cantando enquanto ele fala.)

VIANNA

Em 1863, em plena Guerra Civil Americana, Abraão Lincoln dirigiu-se a Gettysburg, local da maior batalha dessa guerra, e ali pronunciou um discurso de dois minutos de duração.

TEREZA

Ele pensava que suas palavras se perderiam, mas há mais de um século o mundo repete sua definição de liberdade:

(Mudança de luz. O foco se apaga sobre Vianna e Tereza e se acende sobre Paulo. O Coro cessa de cantar.)

PAULO

Há oitenta e sete anos atrás[32] nossos pais fundaram neste continente uma Nação nova, baseada na liberdade e dedicada ao princípio de que todos os homens nascem iguais. Agora estamos empenhados numa grande Guerra Civil para verificar se uma tal Nação – ou qualquer outra assim concebida – poderá perdurar. Estamos reunidos num grande campo de batalha desta guerra.

---

32. *The Gettysburg Address*, de Abraão Lincoln; um dos mais famosos discursos do mundo. Por motivos dramáticos, os autores cortaram algumas frases do discurso.

Viemos para consagrar um recanto do mesmo como o último lugar de repouso para aqueles que deram a vida a fim de que essa Nação pudesse sobreviver. O mundo não notará nem se lembrará por muito tempo do que dizemos aqui; mas jamais poderá se esquecer do que eles aqui fizeram. Quanto a nós, os vivos, cabe dedicarmo-nos à obra inacabada que os que aqui lutaram já levaram tão longe. Decidamos aqui que esses mortos não morreram em vão; que esta Nação, sob a proteção de Deus, renascerá para a liberdade, e que o governo do Povo, pelo Povo e para o Povo não desaparecerá da face da terra.

Escurecimento

(O Coro canta no escuro os versos finais:
Glory, glory, halleluiah,
His truth is marching on.
Vianna então entra; luz geral na cena.)

VIANNA

Paulo, eu achei uma beleza esse discurso do Lincoln.

PAULO

Gostou?

VIANNA

É. Mas eu queria dizer uma coisa, a você e a todos – e quem avisa amigo é;[33] se o governo continuar permitindo que certos parlamentares falem em eleições;

---

33. *Advertência*, de Millôr Fernandes, publicada originalmente na última página da revista *Pif-Paf*. Quando dizemos última página estamos dizendo não só do exemplar da revista, mas de sua própria existência. Porque é aqui que o governador Paulo Tôrres ataca novamente.

se o governo continuar deixando que certos jornais façam restrições à sua política financeira; se continuar deixando que alguns políticos mantenham suas candidaturas; se continuar permitindo que algumas pessoas pensem pela própria cabeça; se continuar deixando que os juízes do Supremo Tribunal Federal concedam *habeas corpus* a três por dois; e se continuar permitindo espetáculos como este, com tudo que a gente já disse e ainda vai dizer – nós vamos acabar caindo numa democracia!

Escurecimento

(Foco de luz sobre Nara. Ela se acompanha ao violão.)

NARA

Naquele tempo,[34]
num lugar todo enfeitado,
nós ficava amuntuado
pra esperá os compradô...
No mesmo dia
Em que levaram minha preta,
Me botaro nas grilheta
Que é pra mode eu não fugi...

(Ela prossegue cantarolando, enquanto a luz geral da cena se acende.)

TEREZA

A canção de Heckel Tavares e Joracy Camargo revela com exatidão as condições de vida dos escravos no Brasil no século XVIII.

---

34. *Leilão*, de Joracy Camargo e Heckel Tavares. Foram utilizados apenas os primeiros e os últimos versos da canção.

VIANNA

Qualquer tentativa de libertação dos negros era castigada com crueldade inimaginável. Em 1751, regressando de uma expedição contra índios e escravos fugidos, Bartolomeu Bueno do Prado voltou trazendo consigo 3.900 pares de orelhas de negros que destruiu.[35]

PAULO

"Todo escravo que matar seu senhor, seja em que circunstância for, mata em legítima defesa!"[36]

TEREZA

Gritando essa frase, o poeta e advogado Luís Gama deu início à amarga batalha literária pela libertação do negro no Brasil.

VIANNA

Alguns escravos conseguiram sentir o gosto pela liberdade. Organizaram-se em quilombos, o mais famoso dos quais o de Palmares, foi brutalmente destruído pelo bandeirante Domingos Jorge Velho. Seu líder era o negro Zumbi:

(Mudança de luz. Sai a luz geral e acende-se foco sobre Nara.)

---

35. Transcrito de *Nobiliárquica Paulistana*, numa antologia organizada por Edison Carneiro, que publica o documento na íntegra.

36. Do livro *O Negro na Literatura Brasileira*, de Raymond S. Sayers, tradução e notas de Antônio Houaiss.

NARA

Não morre quem lutou[37]
Não morre um ideal
Arranca a folha, vem a flor,
Arranca a flor, vem o pinhão...
Enquanto ele viveu
Justiça distribuiu
E a Liberdade
era fácil de alcançar...

CORO

Não morre quem lutou
Não morre um ideal
Arranca a folha, vem a flor,
Arranca a flor, vem o pinhão...

(Mudança de luz. Sai o refletor de Nara e entram dois focos de luz sobre Tereza e Vianna.)

VIANNA

Quase ao fim da escravatura, o Exército Brasileiro recusou-se a servir os donos da terra na busca e perseguição dos escravos fugidos.

TEREZA

O poder se assentava sobre a fome.

VIANNA

A subnutrição constante trazia

TEREZA

diminuição da estatura

---

37. Trecho da canção *Zumbi*, letra e música de Denoir de Oliveira.

VIANNA

deformações esqueléticas

TEREZA

dentição podre

VIANNA

insuficiência tiroidiana

TEREZA

velhice prematura

VIANNA

preguiça, anemia e tuberculose.

TEREZA

Hoje, dados estatísticos da Unesco demonstram que o brasileiro de algumas regiões do nordeste vive ainda em regime de semiescravatura.

VIANNA

E a subnutrição constante traz

TEREZA

diminuição da estatura

VIANNA

deformações esqueléticas

TEREZA

dentição podre

VIANNA

insuficiência tiroidiana

Tereza
velhice prematura

Vianna
preguiça, anemia e tuberculose.[38]

(Com a entrada de Paulo, luz geral na cena. Apagam-se refletores de Vianna e Tereza.)

Paulo
E existe um povo que a bandeira empresta[39]
Pra cobrir tanta infâmia e cobardia
E deixa-a transformar-se nessa festa
Qual manto impuro de bacante fria!
Meu Deus! Meu Deus! mas que bandeira é esta
Que impudente na gávea tripudia?
Silêncio, Musa... chora, e chora tanto
Que o pavilhão se lave no teu pranto!...

Auriverde pendão da minha terra,
Que a brisa do Brasil beija e balança,
Estandarte que à luz do sol encerra
As promessas divinas da esperança...
Tu que da liberdade após a guerra
Foste hasteado dos heróis na lança
Antes te houvessem roto na batalha
Que servires a um povo de mortalha!

Fatalidade atroz que a mente esmaga!
Estingue nesta hora o brigue imundo,

---

38. Segundo dados de Clark Wissier, in *Man and Culture*, citado por Gilberto Freire em *Casa Grande e Senzala*.

39. Três estrofes finais de *Navio Negreiro*, de Castro Alves.

O trilho que Colombo abriu na vaga,
Como um íris no pélago profundo!
Mas é infâmia demais! Da etérea plaga
Levantai-vos, heróis do Novo Mundo!
Andrada! Arranca esse pendão dos ares!
Colombo! Fecha a porta dos teus mares!

Escurecimento

(No escuro, canta o Coro em ritmo mais rápido.)

CORO

Liberdade, liberdade,
abre as asas sobre nós
das lutas, na tempestade,
dá que ouçamos tua voz!

FIM DA PRIMEIRA PARTE

2ª PARTE

(Um único foco de luz sobre a arena. Os atores entram enquanto se ouve o Jota dos Três Irmãos. *Depois, acende-se a luz geral.)*

PAULO

Isto que ouvimos é um jota.[1] O jota é o canto solitário de um homem e nasceu ao norte da Espanha. Este diz: "Tenho um irmão nos Tercios, outro nos Regulares, e o menor está preso em Alcala de Henares." A canção exprime o engajamento e a divisão total das famílias espanholas durante aquilo que foi impropriamente chamado de *A Guerra Civil Espanhola*, batalha perdida pela liberdade.
Os falangistas, grupo da direita, tinham um hino: *Cara al Sol*.[2]

(Apaga-se a luz geral da cena e acende-se um refletor sobre Nara Leão e Coro.)

---

1. O *jota* utilizado no espetáculo foi extraído do disco *Documentos da Guerra Civil Espanhola*.

2. *Cara al Sol*, hino falangista. Tradução dos autores.

Nara e Coro

Cara al sol, com a camisa nova,
Que tu bordaste, companheira,
Vou sorrindo a encontrar a morte
E não volto a te ver
Voltarão bandeiras vitoriosas
O passo alegre pela paz;
E trarão, vermelhas, cinco rosas
Do sangue do meu coração.
Voltará a rir a primavera
Cara al sol, para sempre eu estarei
Arriba Espanha, Espanha livre,
Viva Espanha, meu amor Espanha.

(Volta a luz geral da cena. Paulo diz.)

Paulo

Portanto, cuidado. As tiranias também compõem belas canções.

Vianna

Todo o país se engolfou na guerra, com o tradicional bravado espanhol, como se cada homem fosse um novo Hernán Cortez que no México, trezentos anos antes, assim se dirigia a seus soldados:

(Apaga-se a luz geral da cena e se acende foco de luz sobre Paulo Autran.)

Paulo

Soldados de Espanha![3] Antes de tudo há que lutar! As caravelas, mandei-as afundar, para não terdes vós outros

---

3. Discurso de Hernán Cortez, segundo documento do Frei Urrutia; citado por Paulo Mendes Campos, na revista *Manchete*.

qualquer veleidade de voltar. Há que lutar com as armas que tendes à mão. E se vo-las romperem em violento combate, então há que brigar a socos e pontapés. E se vos quebrarem os braços e as pernas, não olvideis os dentes. E se havendo feito isso, a morte chegar, mesmo assim ainda não tereis dado a última medida de vossa devoção, não! É preciso que o mau cheiro de vossos cadáveres empeste o ar e torne impossível a respiração dos inimigos de Espanha.
Adelante, por Dios e por Santiago!

(Volta a luz geral na cena.)

CORO

Olé, olé, olé...

VIANNA

Esse mesmo espírito continuava em 1936.

TEREZA

Conta-se que um general republicano, inteiramente cercado, gritava para seus soldados:

VIANNA

Companheiros! Estamos cercados! Não vamos deixar o inimigo escapar!

(Ouve-se, em gravação, a voz do general Franco, dizendo: "Los hombres más heroicos del mundo, los hombres más grandes de Europa, son los hijos de España.")[4]

---

4. A gravação da voz de Franco, utilizada no espetáculo, foi também retirada do disco já citado.

PAULO

Esta é a voz do general Francisco Paulino Hermenegildo Teodulo Franco y Bahamonde. *(Bate com os pés no chão como um bailarino espanhol.)* Mais conhecido como general Franco. Os republicanos o levaram ao supremo ridículo com canções satíricas:

NARA

Y se a Franco no le gusta[5]

CORO

Rumba la rumba la rumba ba
La bandera tricolor
Rumba la rumba la rumba ba
Le daremos una roja...

PAULO

Que la met...

NARA

La la la ra la ra la la
Rumba la rumba la rumba ba!

PAULO

Nara substitui o último verso por um la ra ra; porque os republicanos sugeriam a Franco um uso indevido da bandeira.

VIANNA

Tudo servia para a propaganda. Um filme de Groucho Marx teve uma de suas cenas adaptadas. Dizia-se

---

5. Esta canção tem várias estrofes, algumas das quais gravadas. O trecho utilizado no espetáculo foi fornecido aos autores por um combatente da Guerra Civil Espanhola.

que um general fascista defrontava-se com uma dificuldade militar:

PAULO

Este é um problema que qualquer criança de três anos é capaz de resolver. Eu... humm... tragam-me uma criança de três anos.[6]

TEREZA

Canções folclóricas eram utilizadas por ambos os lados. *Marinera*[7] era cantada praticamente por toda a Espanha:

NARA

No hay quien pueda
No hay quien pueda
Con la gente
Marinera
Marinera
Lucha ahora
Y defiende
Su bandera.

(Mudança de luz. Sai a luz geral da cena e os refletores iluminam apenas Vianna e Tereza.)

TEREZA

Os fascistas exerceram o terror. Raspavam as cabeças de mulheres e nelas pintavam uma sigla operária. As greves eram punidas com sentença de morte. Mulheres de milicianos tinham os seios

---

6. Esta anedota foi retirada do livro *The Spanish Civil War*, de Hugh Thomas, publicado no Brasil pela Editora Civilização Brasileira.

7. *Marinera* tinha várias letras servindo à mesma música, de acordo com cada facção em luta.

arrancados a faca. Prisioneiros eram banhados em petróleo e depois queimados.

VIANNA

Mas também havia atrocidades do lado republicano. Freiras foram assassinadas por recusar propostas de casamento. Os soldados embriagavam-se enquanto julgavam um pároco de aldeia. Vários padres foram queimados. As torturas não tinham fim. *(O coro cessa de cantar* Marinera *no fundo.)*
– De todos os mortos, o mais famoso e o mais lembrado é o poeta assassinado pelos fascistas, Federico García Lorca:

(Luz só em Nara.)

NARA

Companheiros... nos mataram...
O melhor homem de Espanha...

(Inversão de luz. Foco só em Paulo.)

PAULO

Verde que te quiero verde.[8]
Verde viento. Verdes ramas.
El barco sobre la mar
Y el caballo en la montana.
Verde que te quiero verde.
Verde viento. Verdes ramas.

(Inversão de luz. Foco em Tereza.)

---

8. Versos iniciais de *Romance Sonâmbulo*, de Federico García Lorca, incluído em seu *Romancero Gitano*, coletânea de poemas escritos entre 1924 e 1927.

TEREZA

O filósofo Miguel de Unamuno, autor de *O Sentimento Trágico da Vida*, era reitor da Universidade de Salamanca quando os falangistas tomaram a cidade. No Dia da Raça[9] uma cerimônia reuniu as mais importantes figuras do poder fascista. E o general Milan Astray, fundador com Franco, da Legião Estrangeira, discursava:

(Inversão de luz. O foco que estava em Tereza dá lugar a uma luz geral.)

VIANNA

O fascismo vai restaurar a saúde de Espanha!
Abaixo a inteligência!
Viva a morte!

CORO

(Fazendo a saudação fascista.)

Viva a morte!

VIANNA

Espanha!

CORO

Unida!

VIANNA

Espanha!

---

[9]. A cena entre Miguel de Unamuno e o general Milan Astray consta no livro *A Guerra Civil Espanhola*, de Hugh Thomas, 2º volume.

Coro
Forte!

Vianna
Espanha!

Coro
Grande!

Vianna
Viva la muerte!

Coro
Viva!

Paulo
Senhores!

(Vianna se afasta de Paulo e dirige-se ao Coro.)

Coro
Viva la muerte!

Paulo

Senhores! Meu nome é Miguel de Unamuno. Todos me conhecem. Sabeis que sou incapaz de me calar. Há momentos que calar é mentir. Desejo comentar o discurso – se é possível empregar esse termo – do general Milan Astray, aqui presente. Acabei de ouvir um brado necrófilo e insensato: "viva a morte". E eu que passei minha vida dando forma a paradoxos, devo declarar-vos, ao setenta e dois anos, que um tal paradoxo me é repulsivo. O General Milan Astray é um aleijado. *(Reação do coro.)* Não há nesta afirmativa o menor sentido pejorativo.
Ele é um inválido de guerra; Cervantes também o era.

Infelizmente há na Espanha neste momento um número muito grande de aleijados, e em breve haverá um número muito maior, se Deus não vier em nosso auxílio. Causa-me dó pensar que o general Milan Astray esteja formando a psicologia da massa. Um aleijado destituído da grandeza espiritual de um Cervantes tende a procurar alívio causando mutilações em torno de si.

Vianna

(Olhando fixamente Paulo e em tom de desafio.)

Abaixo a inteligência! Viva a morte!

Coro
Viva!

Vianna
Viva a morte!

Coro
Viva!

Paulo

(Adiantando-se para Vianna e Coro.)

Senhores!
Este é o templo da inteligência! E eu sou seu sacerdote mais alto. Profanais este sagrado recinto. Ganhareis, porque tendes à força bruta. Mas não convencereis. Porque para convencer é necessário possuir o que vos falta: razão e direito em vossa luta. Considero inútil exortar-vos a pensar na Espanha. Tenho dito.

Vianna

(Com ar triunfante.)

Abaixo a inteligência! Viva a morte!

Coro

Viva a morte!

Vianna

Viva a morte!

Coro

Viva!

(Inversão de luz. Paulo abaixa os ombros, derrotado. A luz favorece agora Tereza.)

Tereza

Unamuno foi preso; e morreu dois meses e meio depois.

(O foco de luz sai de Tereza. Acende-se outro foco sobre Nara.)

Nara

Y el cielo se encuentra nublado[10]
No se ve relucir una estrella
Los motivos del trueno y del rayo
Vaticinan segura tormenta.

Coro

Y son, y son, y son
tiempos borrascosos
que tienen, que traen
Las lágrimas a los ojos...

Vianna

Em fevereiro de 1939, as tropas republicanas dominavam uma quarta parte da Espanha, que incluía

---

10. Uma das inúmeras canções da Guerra Civil Espanhola.

Madri. A batalha pela posse da capital foi terrível. Franco era apoiado por Hitler e Mussolini; os republicanos contavam com o apoio das brigadas internacionais comunistas.

TEREZA

Mas as tropas de Franco dominaram a situação. Madri caiu. Dos muitos poetas que elevaram sua voz à nação abatida, Manuel Bandeira:[11]

PAULO

Espanha no coração
No coração de Neruda
No vosso e no meu coração,
Espanha da Liberdade,
Não a Espanha da opressão.
Espanha Republicana:
A Espanha de Franco não.
Velha Espanha de Pelayo,
Do Cid, do Grã Capitão.
Espanha de honra e verdade
Não a Espanha da traição!
Espanha da Liberdade;
A Espanha de Franco, não!
Espanha Republicana,
Noiva da Revolução.
Espanha atual de Picasso,
De Casals, de Lorca, irmão
Assassinado em Granada!

---

11. Poema de Manuel Bandeira, *No vosso e em meu coração*, constante da *Antologia Poética*, publicada pela Editora do Autor. Por motivos dramáticos, o poema não está na íntegra no espetáculo, mas os versos que faltam não lhe alteram em nada o sentido.

Espanha no coração
De Pablo Neruda, Espanha
No vosso e em meu coração!
Espanha da Liberdade:
A Espanha de Franco, não.

(Rápido escurecimento e logo depois foco de luz sobre Nara.)

NARA

Pueblo de España[12]
Vuelve a cantar,
Pueblo que canta
No morirá

Una canción,
Una canción,
Llena las calles
De una ciudad...

PAULO

(Enquanto o coro prossegue na canção, apanha um livro e lê.)

Boletim Final da Guerra Civil Espanhola: Comunicado do Supremo Quartel General: "Hoje, depois de aprisionar e desarmar o Exército Vermelho, as tropas nacionais atingiram seu último objetivo militar. A guerra terminou. Assinado: Generalíssimo Francisco Franco. Burgos, 1939. Primeiro de Abril."[13]

---

12. Canção de alguns dos grupos comunistas espanhóis.

13. O boletim é um documento autêntico, verificado pelos autores em várias fontes.

CORO

(E todos os outros, cantando em ritmo mais rápido.)

Pueblo de España
Vuelve a cantar
Pueblo que canta
No morirá.

Escurecimento

VOZ GRAVADA

Julgamento de um poeta

(Ainda no escuro, outra voz gravada.)

VOZ GRAVADA

No ano passado foi julgado na União Soviética o poeta Joseph Brodsky. Aqui estão trechos taquigráficos de seu julgamento.[14]

(Acende-se a luz sobre Paulo e Vianna.)

PAULO

Qual é seu nome?

VIANNA

Joseph Brodsky.

PAULO

Qual é sua ocupação?

---

14. O julgamento do poeta Brodsky foi comentado em várias revistas do ocidente, entre as quais *L'Express*. Os trechos traquigráficos foram publicados na revista *Encounter* e no Brasil na revista *Cadernos Brasileiros*, nº 25. Os autores utilizaram tão somente a primeira parte do interrogatório. O Juiz Presidente era a senhora Savelya.

Vianna

Escrevo poemas. Traduzo. Suponho que...

Paulo

Não interessa o que o senhor supõe. Fique em pé respeitosamente. Não se encoste na parede. Olhe para a corte. Responda com respeito. O senhor tem um trabalho regular?

Vianna

Pensei que fosse um trabalho regular.

Paulo

Dê uma resposta precisa.

Vianna

Eu escrevia poemas: julguei que seriam publicados. Supus...

Paulo

Não interessa o que o senhor supõe. Responda porque não trabalhava.

Vianna

Eu trabalhava; eu escrevia poemas.

Paulo

Isso não interessa. Queremos saber a que instituição o senhor estava ligado.

Vianna

Tinha contratos com uma editora.

Paulo

Há quanto tempo o senhor trabalha?

VIANNA

Tenho trabalhado arduamente.

PAULO

Ora, arduamente! Responda certo.

VIANNA

Cinco anos.

PAULO

Onde o senhor trabalhou?

VIANNA

Numa fábrica, em expedições geológicas...

PAULO

Quanto tempo trabalhou na fábrica?

VIANNA

Um ano.

PAULO

E qual é seu trabalho real?

VIANNA

Eu sou um poeta. E tradutor de poesia.

PAULO

Quem reconheceu o senhor como poeta e lhe deu um lugar entre eles?

VIANNA

Ninguém. E quem me deu um lugar entre a raça humana?

Paulo
O senhor aprendeu isso?

Vianna
O quê?

Paulo
A ser poeta? Não tentou ir para uma Universidade onde as pessoas são ensinadas, onde aprendem?

Vianna
Não pensei que isso pudesse ser ensinado.

Paulo
Então como...?

Vianna
Eu pensei que... Por vontade de Deus...

Paulo
É possível ao senhor viver do dinheiro que ganha?

Vianna
É possível. Desde que me prenderam sou obrigado a assinar um documento, todos os dias, declarando que gastam comigo quarenta copeques. Eu ganhava mais do que isso por dia.

Paulo
O senhor não precisa de ternos, sapatos?

Vianna
Eu tenho um terno. É velho, mas é um bom terno. Não preciso de outro.

Paulo

Os especialistas aprovaram seus poemas?

Vianna

Sim, fui publicado na *Antologia dos Poetas Inéditos* e fiz leituras de traduções do polonês.

Paulo

Seria melhor, Brodsky, que explicasse à corte por que não trabalhava no intervalo de seus trabalhos.

Vianna

Eu trabalhava. Eu escrevia poemas.

Paulo

Mas existem pessoas que trabalham numa fábrica e escrevem poemas ao mesmo tempo. O que o impediu de fazer isso?

Vianna

As pessoas não são iguais. Mesmo a cor dos olhos, dos cabelos... a expressão do rosto.

Paulo

Isso não é novidade. Qualquer criança sabe disso. Seria melhor que explicasse qual a sua contribuição para o movimento comunista.

Vianna

A construção do comunismo não significa somente o trabalho do carpinteiro ou o cultivo do solo. Significa também o trabalho intelectual, o...

Paulo

Não interessam as palavras pomposas. Responda como pretende organizar suas atividades de trabalho no futuro.

VIANNA

Eu queria escrever poesia e traduzir. Mas se isso contraria a regra geral, arranjarei um trabalho... e escreverei poesia.

PAULO

O senhor tem algum pedido a fazer à corte?

VIANNA

Eu gostaria de saber por que fui preso.

PAULO

Isso não é um pedido; é uma pergunta.

VIANNA

Então não tenho nenhum pedido.
(As luzes se acendem sobre os dois, e um foco se acende sobre a atriz.)

TEREZA

Brodsky foi condenado a cinco anos de trabalhos forçados, numa fazenda estatal de Arcangel, na função de carregador de estrume. O poeta tinha vinte e quatro anos.

Escurecimento

(Ainda no escuro, ouve-se a voz de um narrador em gravação) – O julgamento de um soldado[15]

PAULO

Soldado Eddie D. Slovik, nº 36.896.415, Companhia de Infantaria G-109, 28ª Divisão, Exército dos Estados

---

15. Cena dramatizada do livro *The Execution of Private Slovik*, de William Bradford Huie.

Unidos da América do Norte. *(Vianna levanta o braço.)* – Praça Slovik, é acusado de recusar-se a servir aos Estados Unidos usando rifle e baioneta, tendo desertado para evitar os perigos oriundos do dever de lutar em combate. Declara-se inocente ou culpado?

Vianna

Culpado.

Paulo

Tem alguma coisa a alegar em sua defesa?

Vianna

Não, eu fugi; eu não queria lutar.

Paulo

Você tinha conhecimento de que milhares de soldados tentam escapar ao serviço com estratagemas de má conduta, ferimentos autoprovocados ou fingindo insuficiência mental?

Vianna

Ouvi falar.

Paulo

Sabia do tratamento condescendente do Governo para com esses casos?

Vianna

Sim.

Paulo

Você teve oportunidade de voltar ao campo de batalha?

Vianna

O Coronel ameaçou-me com a Corte Marcial caso eu não voltasse imediatamente. Mas todo mundo sabe que a 28ª Divisão é o próprio Inferno. Respondi que se me mandassem de volta eu fugia de novo. Eu não queria lutar.

Paulo

Conhece o princípio militar segundo o qual um cidadão fisicamente capaz que não luta pelo seu país não merece viver?

Vianna

Não. Não conheço.

Paulo

Segundo uma testemunha, o soldado Tankey, você se recusou a limpar o rifle.

Vianna

Não. Apenas disse: "Não sei pra que estou limpando esse rifle. Não pretendo usá-lo".

Paulo

Sua decisão foi causada por alguma crença religiosa?

Vianna

Não. Eu não pretendia lutar. Minha vida foi muito dura, foi terrível. Tive que roubar para comer. Passei boa parte da minha vida na prisão. Se eu fosse convocado no início da guerra, há um ano e meio, pode ser que eu lutasse. Mas eu estava preso. Agora que eu tenho uma mulher, um apartamento mobiliado e um Pontiac, eu não vou lutar. Não disparei meu rifle nem uma vez. A partir de um certo momento deixei até de carregar munição.

PAULO

(Para a plateia.) – Os superiores do soldado Slovik não recomendam clemência. Para ele e para os soldados que queiram imitá-lo, a prisão não é um castigo nem uma ameaça. Ele desafiou diretamente a autoridade do Governo! Se a pena de morte por deserção jamais foi imposta, este é um caso em que ela é justa, a fim de manter a disciplina sem a qual nenhum Exército pode enfrentar seus inimigos!

(Uma mudança de luz faz com que dois focos incidam somente sobre Paulo e Vianna. Ouve-se uma voz gravada.)

VOZ GRAVADA

Os Estados Unidos da América do Norte enviaram para a Segunda Guerra Mundial 10.110.103 soldados. Desses, uma cifra que se acredita ultrapassar de um milhão conseguiu escapar ao combate usando os mais variados estratagemas. Aproximadamente quarenta mil desertaram. Desses desertores, dois mil seiscentos e oitenta e quatro foram levados à Corte Marcial; quarenta e nove foram condenados à pena de morte; Eddie Slovik foi o único executado.

(Volta a luz anterior, enquanto se ouve um rufar de tambores crescendo de intensidade.)

PAULO

(Com o rufar de tambor ao fundo.)

Um pelotão de não menos de oito e não mais de doze soldados, comandados por um sargento, colocar-se-á num lugar previamente marcado, formado em fila simples ou dupla, encarando o prisioneiro amarrado a um poste, numa distância não maior de vinte passos. Os membros do pelotão portarão rifles regulares, os quais serão carregados secretamente pelo oficial incumbido de executar a sentença. Um dos rifles será carregado com pólvora seca e não deverá ser identificado. O oficial postar-se-á ao lado do grupo de tiro e comandará: 1º – Pelotão! 2º – Preparar! 3º – Apontar! 4º

Vianna

Vamos, camaradas, me deem uma última oportunidade! Me soltem, e me fuzilem enquanto eu corro pela neve! O governo está precisando de um exemplo; vão me matar porque eu roubei um pedaço de pão quando tinha doze anos! Camaradas, me ajudem! Me deixem correr pela neve.

Paulo

Fogo!!!

Tereza

O pracinha Slovik tinha 24 anos.

(Apagam-se as luzes, de jato, e o rufar de tambor cresce, com um final no prato.)

(Luz geral na cena.)

Tereza

Nara, você sabia que a liberdade de um povo se mede pela sua capacidade de rir?[16]

---

16. As frases de humor desta cena são de Millôr Fernandes, quase todas utilizadas anteriormente no Telejornal da TV-Excelsior.

Nara

(Para a plateia) – Portanto, vocês agora devem rir bastante, que é para parecerem bem livres.

Tereza

(Depois de pausa.) – É, a situação não está boa não. Cada vez sobra mais mês no fim do dinheiro.

Paulo

Acho que eu vou me mudar para os Estados Unidos.

Vianna

Estados Unidos? Por quê?

Paulo

Vou viver na matriz.

Nara

Tereza, por falar em Estados Unidos, você sabia que lá é crime a mulher revistar os bolsos do marido?

Tereza

Aqui é apenas perda de tempo.

Vianna

Olha, eu resolvi o meu problema muito simplesmente. Ouvi tanto os técnicos falarem sobre a influência do custo da forragem no aumento do preço da carne, que agora eu resolvi não comer mais carne; como a forragem diretamente.

Paulo

Vocês já repararam como em cada nota de mil a expressão do Cabral está mais preocupada?

Tereza

Isso não é nada. Dizem que na nova emissão da nota de cinco mil Tiradentes já vem com a corda no pescoço...

(Entra em cena Oscar Castro Neves, que estivera ouvindo a conversa.)

Oscar

Eu não sei por que vocês reclamam tanto. Eu acho que o país está muito melhor.

Todos

(Perplexos.) – Melhor como?!

Oscar

Muito melhor do que no ano que vem!

Escurecimento

(Depois do blackout, foco de luz unicamente sobre Tereza.)

Tereza

Cecília Meireles: Romanceiro da Inconfidência.

(Inversão de luz. Foco em Paulo.)

Paulo

Atrás de portas fechadas[17]
à luz de velas acesas,
entre sigilo e espionagem
acontece a Inconfidência.

---

17. Trecho do Romance XXIV ou da Bandeira da Inconfidência, *in Romanceiro da Inconfidência*, de Cecília Meireles, publicado por *Livros de Portugal*, em 1953.

Liberdade, ainda que tarde
Ouve-se em redor da mesa.
E a bandeira já está viva
E sobe na noite imensa.
E os seus tristes inventores
Já são réus – pois se atreveram
a falar em Liberdade.
Liberdade, essa palavra
que o sonho humano alimenta
que não há ninguém que explique
e ninguém que não entenda.

(Inversão de luz. Foco só em Tereza.)

TEREZA

Liberdade, essa palavra
que o sonho humano alimenta...
Sentença contra Tiradentes:[18]

(Luz geral na cena. Vianna vai ao centro da arena.)

VIANNA

"Que seja conduzido pelas ruas públicas ao lugar da forca e ali morra morte natural para sempre e que depois de morto lhe seja cortada a cabeça e pregada em poste alto até que o tempo a consuma: e o seu corpo será dividido em quatro quartos e pregado em postes pelo caminho de Minas, onde o réu teve suas infames práticas. Declaram o réu infame, e seus filhos e netos, sendo seus bens confiscados. A casa em que vivia será arrasada e salgada, para que nunca mais no chão se edifique."

---

18. Sentença contra Tiradentes, retirada dos *Autos da Devassa da Inconfidência Mineira*.

PAULO

(Olhando fixamente para Vianna.)[19]

Ó grandes oportunistas,
Ó personagens solenes,
Ó soberbos titulares
tão desdenhosos e altivos!
Por fictícia austeridade,
vãs razões, falsos motivos,
inutilmente matastes:
– vossos mortos são mais vivos:

(Mudança de luz. Foco em Nara e coro.)

NARA E CORO

Joaquim José da Silva Xavier[20]
Morreu a vinte e um de abril
pela Independência do Brasil
Foi traído e não traiu jamais
Na Inconfidência de Minas Gerais
Joaquim José da Silva Xavier
É o nome de Tiradentes
Foi sacrificado
Pela nossa liberdade
Esse grande herói
Será sempre por nós lembrado
Será sempre por nós lembrado
Será sempre por nós lembrado...

---

19. Trecho do Romance LXXXI ou Dos Ilustres Assassinos, *Romanceiro da Inconfidência*, de Cecília Meireles, obra já citada.

20. Trecho inicial de samba de enredo da Escola de Samba Império Serrano.

Escurecimento

(Foco de luz sobre Vianna. No fundo, a gravação de Deutschland uber alles.*)*

VIANNA

Adolf Hitler: na sua irresistível ascensão, o Partido Nazista empolgou toda a Alemanha. Em 1933, Adolf Hitler tomou o poder. Os que não se submetiam à Nova Ordem eram presos, torturados ou tinham que se exilar. Entre os exilados, o dramaturgo Bertolt Brecht. Assim via ele a vida na Alemanha, em uma das cenas de sua peça *Terror e Miséria do III Reich*.[21]

(Luz geral na cena. Tereza entra e encontra Paulo.)

TEREZA

Onde está Klaus? Klaus! Onde é que se meteu esse menino?

PAULO

Por que você está tão nervosa? Só porque o menino saiu?

TEREZA

Eu não estou nervosa. Você é que está nervoso. Anda tão descontrolado...

---

21. A cena utilizada no espetáculo foi traduzida, reduzida e montada pelos autores. *O Delator* é uma das várias situações dramáticas da peça de Bertolt Brecht, a qual pretende ser um mosaico da vida na Alemanha Nazista. A cena foi publicada em francês pela *Nouvelle Revue Française*. Os autores se basearam na versão inglesa de Eric Bentley, publicada em *A Treasury of the Theatre*.

Paulo

Estou o que sempre fui, mas o que tem isso a ver com a saída do menino?

Tereza

Você sabe como são as crianças. Ficam ouvindo tudo.

Paulo

E daí. Que é que tem?

Tereza

Que é que tem? E se ele contar? Você sabe que na Juventude Hitlerista eles têm que contar tudo. O estranho é que ele saiu de mansinho.

Paulo

Ora, que bobagem!

Tereza

O que é que ele teria ouvido da nossa conversa?

Paulo

Ele não dirá nada. Ele sabe o que acontece aos que são denunciados.

Tereza

E que é que tem isso? O filho do vizinho não delatou o próprio pai? Ele ainda não saiu do campo de concentração.

Paulo

Deixa disso. Você está se alarmando à toa.

Tereza

Você disse que os jornais mentem. Você falou sobre o Quartel General. Não devia ter falado. Klaus é tão nacionalista.

PAULO

Mas o que foi que eu disse, precisamente?

TEREZA

Já se esqueceu? Você falou de certas sujeiras lá dentro.

PAULO

Bem, isso não pode ser interpretado como um ataque. Eu disse que nem tudo é limpo lá dentro. Não, fui até mais moderado, eu disse que nem tudo é *completamente* limpo lá dentro. Isso faz diferença. Eu disse: *pode ser* que nem tudo seja completamente limpo, lá. O *completamente* suaviza a palavra limpo. Foi assim que eu formulei: *pode ser*. Não quer dizer que seja.

TEREZA

Você não precisa me dar todas essas satisfações.

PAULO

Eu gostaria de não ter que dar. Mas sei lá o que você é capaz de transmitir por aí do que se conversa aqui em casa. Não estou acusando você de nada e nem acho que o menino é um delator. Mas...

TEREZA

Você quer parar com isso? Você está dizendo que não se pode viver na Alemanha de Hitler.

PAULO

Eu não disse isso!

TEREZA

Você age como seu eu fosse a Gestapo! O que me aflige é o que Klaus possa ter ouvido.

PAULO

A expressão *Alemanha de Hitler* não está no meu vocabulário.

TEREZA

Essas afirmações só podem prejudicar um espírito infantil. E o *Führer* não se cansa de dizer: "O futuro da Alemanha está na sua juventude". O meu filho não é um delator!

PAULO

Mas é vingativo.

TEREZA

Mas, agorinha mesmo eu dei vinte centavos a ele. Eu lhe dou tudo que me pede...

PAULO

Isso é suborno.

TEREZA

Como suborno?

PAULO

Se houver qualquer coisa vão dizer que tentamos suborná-lo para ele não dizer nada.

TEREZA

O que você acha que eles podem fazer contra você?

PAULO

Oh, tudo! Não há limite para o que eles possam fazer.

TEREZA

Mas não há nada contra você!

Paulo

Há sempre alguma coisa contra todo mundo.

Tereza

Karl, não perca a coragem. Você deve ser forte, como o *Führer* sempre...

Paulo

Não posso ficar tranquilo quando...

(Um toque de telefone. Eles se abraçam, aterrorizados, e ficam olhando para o ponto de onde veio o som. Dois toques; três. Tereza faz um movimento.)

Tereza

Atendo?

Paulo

Não sei. Espere.

(Eles aguardam. Um quarto toque.)

Paulo

Se tocar de novo, nós atendemos.

(Pausa. Silêncio. Depois de um tempo, Paulo fala.)

Paulo

Isso não é vida.

Tereza

Karl.

Paulo

Você me gerou um Judas. Senta à mesa do jantar e ouve. Toma a sopa e ouve. O delator!

Tereza

Você acha que devemos nos preparar?

Paulo

Você acha que eles vêm agora?

Tereza

Tudo é possível.

Paulo

Ponho a Cruz de Ferro?

Tereza

Claro, claro. E botamos o retrato de Hitler em cima da escrivaninha, não é melhor?

Paulo

Sim. *(Tereza começa a executar a ação, quando Paulo a interrompe.)* – Espere! Se o menino disser que o retrato não estava aí antes, é uma agravante. Será apontado como consciência de culpa. *(Um ruído.)* – Que barulho foi esse? A porta?

Tereza

Não ouvi nada. *(Agora um rumor bem nítido.)*

Paulo

Ouviu?

Tereza

(Aterrada, abraçando-o.)

Karl!

Paulo

Não vamos perder a cabeça. Vá lá.

(Tereza sai. Paulo fica sozinho no centro da arena, aguardando. Ouve-se a voz de Tereza.)

TEREZA

Onde é que você se meteu?! Responda, Klaus! *(Uma pausa. Ela muda nitidamente de tom e depois pergunta de novo, com a voz meliflua.)* – Onde você andou até agora, meu filhinho?

(Uma pausa. Ela volta e aos poucos vai recobrando uma expressão de tranquilidade e alívio. Fala.)

TEREZA

Ele disse... que foi comprar chocolate.

(Eles se olham e começam a sorrir. Correm um para o outro e se abraçam, aliviados. Aí então a expressão dos dois começa novamente a mudar e Paulo, afastando-se de Tereza, pergunta.)

PAULO

Será verdade?

Escurecimento

(Ainda no escuro, ouve-se bem forte a gravação de Die Fahne Hoch. *Em seguida acende-se um foco de luz sobre Vianna. Ele fala.)*

VIANNA[22]

A guerra será tal que deverá ser conduzida com uma dureza sem precedentes, sem mercê e sem trégua! Todos

---

22. Trechos de discursos e ordens militares de Hitler, recolhidas e montadas pelos autores segundo várias fontes, especialmente William L. Shirer, em *The Rise and Fall of The Third Reich*. (*Ascensão e Queda do III Reich*, no Brasil publicado pela Editora Civilização Brasileira.)

os que se opuserem ao nazismo deverão ser liquidados
Instalaremos Tribunais Nazistas e cabeças rolarão!
Autorizo os soldados alemães a quebrar quaisquer leis
internacionais! Eu, Adolf Hitler, sou o *Führer*, o líder
da Nação, Comandante Supremo das Forças Armadas,
Chefe do Governo, Chefe Executivo Supremo, Juiz
Supremo e Chefe do Partido!

(Inversão de foco de luz de Vianna para Paulo.)

PAULO

E Hitler aumentava seu poder territorial: Áustria,
Tcheco-Eslováquia, Noruega, Letônia, Estônia,
Lituânia, Bélgica, Noruega, Dinamarca, Holanda,
Polônia.

E em junho de 1940, a França.

(Inversão de foco de luz de Paulo para Nara.)

NARA

Vous n'avez reclamé la gloire[23]
Ni les larmes
Ni la prière
aux agonisants...

(Inversão de foco de luz de Nara para Tereza.)

TEREZA

Em meus cadernos de escola[24]
Nesta carteira, nas árvores,

---

23. Início do poema *L'Affiche Rouge* utilizado no espetáculo em forma de canção, segundo a versão de Léo Ferré.

24. Primeira estrofe do poema *Une seule Pensée*, de Paul Éluard, publicado também com o título de *Liberté*. O poema inteiro tem vinte e uma estrofes. A tradução utilizada é de Carlos Drummond de Andrade e Manuel Bandeira.

Nas areias e na neve,
Escrevo teu nome

(Inversão de foco de luz de Tereza para Vianna.)

VIANNA

Imediatamente começou a Resistência Francesa:

(Inversão de foco de luz de Vianna para Nara.)

NARA

Abandonai a mina[25]
E descei pela colina
Camarada
Depois tirai da palha
O fuzil e a metralha
a granada!
Ohé les tuers
à la balle et au couteau
Tuez vite...
Ohé saboteurs
Attention à ton fardeau,
Dynamite!
Amigo, se um tomba,
Um outro amigo sai da sombra
E continua!

(O coro prossegue cantando juntamente com Nara.)

Derramai, camarada,
Vosso sangue sobre o chão
da primavera

---

25. Início da canção conhecida como Hino da Resistência Francesa, letra e música de uma guerrilheira. A canção não está na íntegra. A tradução é dos autores. Existe uma gravação por Yves Montand.

Cantai, companheiro
que ao sol a liberdade
nos espera...

oh oh oh oh oh...

(Inversão de luz para Tereza, enquanto o coro prossegue cantando o refrão.)

TEREZA

Nas imagens redouradas[26]
Na armadura dos guerreiros
E na coroa dos reis
Escrevo teu nome

Em cada sopro de aurora
Na água do mar, nos navios
Na serrania demente
Escrevo teu nome

Até na espuma das nuvens
No suor das tempestades
Na chuva insípida espessa
Escrevo teu nome

Na lâmpada que se acende
Na lâmpada que se apaga
Em minhas casas reunidas
Escrevo teu nome

Em toda carne possuída
Na fronte dos meus amigos
Em cada mão que se estende
Escrevo teu nome

---

26. Ainda *Liberté* de Paul Éluard.

E ao poder de uma palavra
Recomeço a minha vida
Nasci para te conhecer
e te chamar
Liberdade.

(Escurecimento. No escuro, ouve-se a voz de Nara acompanhada pelo coro, cantando novamente, num ritmo mais entusiasta.)

NARA E CORO

Derramai, camarada,
Vosso sangue sobre o chão
da primavera!
Cantai, companheiro,
Que ao sol a liberdade
Nos espera!

(O foco de luz se acende sobre Nara e Coro, que executam a última frase musical.)

NARA E CORO

Oh oh oh oh oh oh oh...
(Inversão do foco de luz de Nara e Coro para Vianna.)

VIANNA

No começo de 1941, um único obstáculo se interpunha entre Hitler e seu sonho de domínio europeu: o povo inglês e Winston Churchill.

(Inversão do foco de luz de Vianna para Paulo. Um forte rufo de tambor. Paulo faz uma pausa e diz.)

PAULO

(Só com um rufo de tambor ao fundo.)[27] "Se Hitler invadisse o Inferno, eu apoiaria o Demônio. Cumpramos nosso dever, certos de que se nosso país existir por mais mil anos, os homens ainda dirão: – "Aquele foi seu instante mais belo". Nunca, no campo dos conflitos humanos, tantos deveram tanto a tão poucos. Por ora, só posso oferecer-vos sangue, trabalho, suor e lágrimas mas iremos até o fim: Combateremos na França, combateremos nas praias, nas colinas, nas montanhas, nos campos e nas ruas: nunca nos renderemos!"

(Mudança de luz para Tereza.)

TEREZA

(Com o fundo de Deutschland Ubber Alles*)* – Os nazistas assassinaram cinco milhões e setecentos mil judeus no maior genocídio da história. Uma menina judia viveu escondida com sua família durante dois anos num sótão de Amsterdan, Holanda. Chamava-se Anne Frank. Em seu diário, ela relata uma noite de Ano-Bom:

CORO

(Canta o Hannukah. *Um tempo.)*[28]

PAULO

Abençoado sejais, Oh, Senhor Nosso Deus, por nos terdes preservado a vida, permitindo-nos assim comemorar esta festa de alegria. Graças vos damos, Oh Deus

---

27. Montagem de frases de *Winston Churchill*, tiradas de seus mais famosos discursos.

28. Cena traduzida e montada pelos autores do *Diário,* de Anne Frank e da peça teatral sobre o tema de Francis Goodrich e Albert Hackett.

Nosso Senhor, porque em vossa infinita misericórdia quiseste salvar-nos uma vez mais. *(O Coro prossegue com o Hannukah.)* – Anne, pode conversar com Peter. Mas quando bater nove horas, vá dormir.

(Muda a luz. Favorecimento de Vianna e Nara.)

NARA

Sim, papai. *(Chega perto de Vianna.)* – Peter, sabe o que a Sara Van Duan disse? Que eu não devia vir no teu quarto; que no tempo dela as moças não andavam atrás dos rapazes. *(Uma pausa. Ele a olha, ela se senta perto dele.)* – Você gosta de minha irmã, não é? Você gostou dela assim que a conheceu. De mim, não.

VIANNA

Não sei.

NARA

Não faz mal. Ela tem bom gênio, é alegre, é bonita. Eu não.

VIANNA

Ora, não é isso.

NARA

Sei muito bem. Sei que não sou bonita e nunca serei.

VIANNA

Eu acho você bonita.

NARA

Mentira.

VIANNA

Você mudou; não é como antes.

Nara
Como?

Vianna
Você está... não sei... mais quieta.

Nara
Acho que quando sair daqui você nem vai mais pensar em mim.

Vianna
Isso é bobagem.

Nara
Quando você voltar para junto de seus amigos, dirá: não sei que graça achei naquela bobinha.

Vianna
Não tenho amigos.

Nara
Ora, Peter, todo mundo tem.

Vianna
Menos eu.

Nara
Pensei que eu fosse sua amiga.

Vianna
Você é diferente; se todos fossem iguais a você...

Nara
(O Hannukah *cessa aqui. Depois de uma pausa.)* – Peter, você já beijou alguma menina?

VIANNA

Uma vez.

NARA

Era bonita?

VIANNA

Não sei. Foi numa festa. Foi naqueles jogos de prendas.

NARA

Ah, então não vale, não é?

VIANNA

Acho que não.

NARA

Já me beijaram duas vezes. Uma vez foi um homem que eu não conhecia; eu tinha caído na neve, estava chorando e ele me levantou do chão. Outra vez, um amigo de papai me beijou a mão. Também não vale, não é?

VIANNA

Também não.

NARA

Eu também acho; minha irmã jamais beijaria alguém se não fosse noiva dele. E sei que mamãe também nunca beijou outro homem além de papai. Mas eu não sei... está tudo tão mudado. Você não acha? É tão difícil a gente saber o que tem de fazer quando o mundo inteiro está caindo aos pedaços... ninguém sabe como será o dia de amanhã... Diz!

VIANNA

Depende muito da pessoa. *(O carrilhão começa a bater nove horas.)* – Não sei, mas acho que quando duas pessoas...

NARA

Nove horas. Tenho de ir.

VIANNA

É.

NARA

Boa noite.

VIANNA

Boa noite. Não deixe de vir amanhã.

NARA

Não. Acho... acho que vou trazer meu diário. Escrevi uma porção de coisas sobre você.

VIANNA

Bem ou mal?

NARA

Você vai ver. Eu... eu antes não ligava muito para você.

VIANNA

Você mudou a meu respeito, como eu mudei com você?

NARA

Eu... você vai ver.

(Pausa. Eles se olham, depois ele a beija. Ficam abraçados enquanto o relógio bate nove horas. O foco de luz sai deles e vai para Tereza.)

TEREZA

Alguns dias depois, os nazistas descobriram o refúgio da família Frank; foram presos, e Anne foi assassinada no campo de concentração de Belsen. Seu diário foi encontrado. Terminava assim:

(Inverte-se novamente o foco de luz enquanto se ouvem as vozes de Vianna e Nara gravadas.)

NARA

(Off) Não somos os únicos que sofrem; ora um povo, ora outro...

VIANNA

(Off) Isso não me consola.

NARA

(Off) Eu sei como é difícil se acreditar em alguma coisa, quando há tanta gente ruim; mas acho que o mundo está passando por uma fase. Passará; daqui a séculos, talvez, mas passará. Apesar de tudo, ainda acredito na bondade humana.
(Inversão de luz. Sai foco sobre Vianna e Nara. Escuro um tempo. Então entra gravação de Stars and Stripes *e acende-se foco sobre Paulo.)*

PAULO

Os Estados Unidos da América do Norte foram súbita e deliberadamente atacados por forças aéreas e navais do império japonês, ontem, sete de dezembro de 1941, – uma data que viverá na infâmia![29]

(Mudança de Luz. Foco sobre Vianna.)

---

29. Início do discurso de Roosevelt ao Congresso Americano, o discurso é conhecido sob o título de *A Day of Infamy*.

Vianna

Este é o início do discurso de Roosevelt declarando guerra ao Japão e ao Eixo. Alguns meses antes, Hitler invadira a Rússia. E depois de várias vitórias aterradoras... de repente... aconteceu:

(Luz geral na cena.)

Tereza
Stalingrado!

Paulo
Stalingrado!

Vianna
Stalingrado!

Tereza
Stalingrado!

Coro
Stalingrado!

Tereza

Stalingrado foi a mais violenta batalha da guerra. É considerada por todos os historiadores como *"the turning point"* – a reviravolta. Hitler dizia:

Vianna
Se eu não conseguir o petróleo da região de Stalingrado, perderei a guerra.

Tereza
E Stalin dizia:

PAULO

Se eu não conseguir defender o petróleo da região de Stalingrado, perderei a guerra!

TEREZA

Stalingrado tornou-se para todo o mundo o símbolo da resistência aliada.

(A luz fica exclusivamente em Vianna e Tereza.)

VIANNA

Os noticiaristas internacionais terminavam seus programas dizendo: "Stalingrado não caiu!"

TEREZA

E apesar de arrasada, rua por rua, casa por casa, pedra por pedra, Stalingrado não caiu!

VIANNA

Carlos Drummond de Andrade:
(Inversão de foco de luz, que fica exclusivamente em Paulo.)

PAULO

Pedra por pedra reconstruiremos a cidade[30]
Casa e mais casa se cobrirá o chão.
Rua e mais rua o trânsito ressurgirá.
Começaremos pela estação da estrada de ferro
e pela usina de energia elétrica.

---

30. Poema de Carlos Drummond de Andrade, *Telegrama de Moscou*, constante de seu livro *A Rosa do Povo*, e republicado em *Fazendeiro do Ar & Poesia Até Agora*, da Livraria José Olímpio Editora. O poema está na íntegra.

Outros homens, em outras casas,
continuarão a mesma certeza.
Sobraram apenas algumas árvores
com cicatrizes, como soldados.
A neve baixou, cobrindo as feridas.
O vento varreu a dura lembrança.
Mas o assombro, a fábula
gravam no ar o fantasma da antiga cidade
que penetrará o corpo da nova.
Aqui se chamava
E se chamará sempre Stalingrado
– Stalingrado: o tempo responde.

(Inversão de luz de Paulo para Nara. Ela começa a cantar baixinho e em ritmo lento:)

NARA

Allons enfants de la Patrie...
Le jour de gloire est arrivé...

(Inversão de luz favorecendo Tereza e Vianna.)

VIANNA

Ao terminar a irradiação da madrugada de 6 de junho de 1944, a BBC transmite um poema:

(Inversão de foco de luz, novamente, favorecendo agora exclusivamente Paulo. Nara e Coro prosseguem cantando a Marselhesa.)

PAULO

Les sanglots longs
Des violons...

(Inversão de luz de Paulo para Vianna e Tereza.)

Tereza

Um poema de Paul Verlaine: a senha dos aliados para a Resistência Francesa. A senha para a invasão da Normandia.

(Nova inversão de luz, agora com o foco exclusivamente sobre Paulo.)

Paulo

Les sanglots longs[31]
Des violons
de l'automne
Blessent mon coeur
D'une langueur
Monotone
Tout suffocant
Et blême quand
Sonne l'heure
Je me souviens
Des jours anciens
Et je pleure
Et je m'en vais
Au vent mauvais
Qui m'importe
De çà, de là
Pareille à là
Feuille morte

(Luz geral volta à cena e Tereza e Vianna caminham pela arena enquanto falam.)

Vianna

Os aliados pisam no continente europeu!

---

31. *Chanson d'automne*, de Paul Verlaine.

Tereza

Os russos avançam pelo leste!

Vianna

A Itália é dominada!

Tereza

O Brasil luta na guerra!

(Inversão de foco de luz, agora favorecendo Nara e Coro.)

Nara e Coro

Por mais terras que eu percorra[32]
Não permita Deus que eu morra
Sem que eu volte para lá
Sem que leve por divisa
Esse "v" que simboliza
A vitória que virá!

(Novamente luz geral na cena. Tereza e Vianna se movimentam pela arena, em grande agitação, e gritando as frases como se fossem manchetes de jornal.)

Vianna

Irresistível avanço aliado!

Tereza

Paris é retomada!

Vianna

Os aliados exigem rendição incondicional!

---

32. Hino do Expedicionário Brasileiro.

TEREZA

Capitulação total do III Reich!

NARA E CORO

(Cantam a última frase musical do Hino da Resistência Francesa.)

Oh oh oh oh oh oh oh oh... oh!

(Um forte rufo de tambor. Tereza e Vianna vêm ao centro da arena.)

VIANNA

A Assembleia Geral da Organização das Nações Unidas proclama a seguinte.

TEREZA

Declaração Universal dos Direitos do Homem.[33]

PAULO

Todos os seres humanos nascem iguais e livres em dignidade e direitos, sem distinção de raça, sexo, cor, idioma, religião, opinião política ou de qualquer outra índole.
Todo indivíduo tem direito à vida, à liberdade e à segurança de sua pessoa;
Ninguém será submetido à escravidão;
Ninguém será submetido a torturas e a tratos cruéis;
Ninguém poderá ser arbitrariamente preso, detido ou desterrado;
Toda pessoa tem direito a sair de seu país e a regressar livremente a seu país;

---

33. Trechos dos artigos constantes da Declaração dos Direitos do Homem, promulgada pela ONU em 11.2.1948.

Toda pessoa tem direito à propriedade;
A maternidade e a infância têm direito a cuidados especiais;
A vontade do povo é a base da autoridade do poder público;
E todos são iguais perante a lei.

Escurecimento

(Acende-se um pequeno foco de luz sobre Paulo. Ouve-se, gravada, sua própria voz dizendo:)

Voz Gravada

Assim como eu não quero ser escravo, não quero ser senhor. Entre os homens livres não pode haver escolha entre o voto e as armas. Os que preferirem as armas acabarão pagando caro. A verdadeira força dos governantes não está em exércitos ou armadas, mas na crença do povo de que eles são claros, francos, verdadeiros e legais. Governo que se afasta desse poder não é governo – mas uma quadrilha no poder.[34]

Paulo

Estas palavras são de Abraão Lincoln e H.G. Wells.

(Acende-se a luz geral. Paulo dirige-se à plateia.)

Sou apenas um homem de teatro. Sempre fui e sempre serei um homem de teatro.

(A flauta dá alguns acordes da Marcha da Quarta-Feira de Cinzas *e acompanha o texto de Paulo em BG.)*

---

34. Extraído de *Outline of History*, de H.G. Wells e de *Abraham Lincoln*, de Carl Sandburg.

Fui chamado a cantar e para tanto há um mar de som no búzio de meu canto. Hoje, fui chamado a cantar a liberdade – e se há mais quem cante, cantaremos juntos.

Às vezes, no fim de uma batalha, nem se sabe quem venceu; ou o vencedor parece derrotado. Cristo morreu na cruz, mas o cristianismo se transformou na maior força espiritual do mundo. Galileo Galilei cedeu diante da Inquisição, mas a Terra continuou girando ao redor do Sol, e quatro séculos mais tarde, um jovem tenente anunciou da estratosfera que a Terra é azul. Anne Frank morreu, mas Israel ressurgiu da cinza dos tempos. Quando Hitler dançou sobre o chão da França, tudo parecia perdido. Mas a cada ato de luta corresponde um passo da vitória. O poeta Brodsky acaba de ser libertado por um movimento de intelectuais. Ainda há homens oprimidos, mas não há mais escravos. Milhões sofrem pressão econômica, mas ninguém pode mais ser preso por dívidas. Depois da segunda guerra mundial tornaram-se independentes treze nações asiáticas e trinta e quatro nações africanas. E se a insensatez humana continua a nos ameaçar com a Terra Arrasada, a Ciência, pela primeira vez na História, pode nos dar a Terra Prometida.

A liberdade é viva; a liberdade vence; a liberdade vale. Onde houver um raio de esperança haverá uma hipótese de luta.

Gostaria que meu boa-noite tocasse vossos corações numa síntese de fé e de coragem igual ao boa-noite de Winston Churchill, em 1940, atravessando o

Canal da Mancha numa silenciosa e fria madrugada: "E agora, boa noite. Durmam a fim de recobrar forças para o amanhã; pois o amanhã virá. E brilhará claro e limpo sobre os bravos, os honestos, os de coração sereno, brilhará sobre todos os que sofrem por esta causa e, mais gloriosamente, sobre a campa dos heróis. Assim será nossa alvorada. Boa noite."

Escurecimento.

(No escuro, ouve-se o coro e conjunto cantando.)

CORO

Porque são tantas coisas azuis
Há tão grandes promessas de luz
Tanto amor para amar
de que a gente nem sabe...

(Acende-se a luz geral da cena. Vianna está no centro da arena e diz.)

VIANNA

Este espetáculo foi idealizado e dirigido por Flávio Rangel, numa produção do Grupo Opinião e do Teatro de Arena de São Paulo. Contou com a direção musical de Oscar Castro Neves e com a participação de Roberto Nascimento no violão, Ico Castro Neves no contrabaixo, Carlos Guimarães na flauta e Francisco Araújo na bateria.
O coro é formado por Ângela Menezes, Maíza Sant'Anna, Sônia Márcia Perrone e Roberto Quartim Pinto.

Na parte técnica, Leandro Filho, Edson Batista e Leônidas Lara.

O espetáculo teve a participação especial de Tereza Rachel,

(Mudança de luz, ficando um foco exclusivamente em Tereza.)

Nara Leão

(O foco vai de Tereza para Nara.)

e este vosso criado, Oduvaldo Vianna Filho.

(Foco para Vianna. enquanto ele começa a ler.)

Vianna

Os textos aqui lidos, cantados e representados são da autoria de:
Jean Louis Barrault, Geir Campos, Jesus Cristo, Billy Blanco, o famoso compositor e violonista brasileiro Robert Thompson Baden Powell de Aquino, Platão, Moreira da Silva, Aristóteles, Manuel Bandeira, William Shakespeare, Ascenço Ferreira, Jean Vilar, Osório Duque Estrada, Império Serrano, Medeiros e Albuquerque, Leopoldo Miguez, Noel Rosa, Dorival Caymmi, Carlos Lyra, Capitão Roget de Lisle, Vinícius de Morais – é claro! –, Büchner, Beaumarchais, M. Guillotin, Bertolt Brecht, Lux Jornal, Abraão Lincoln, Thomas Jefferson, Nat "King" Cole, Castro Alves, Millôr Fernandes, Paulo Mendes Campos, Edison Carneiro, General Francisco Franco, falangistas, anarquistas, Hernán Cortez, Unamuno, Lorca, Carlos Drummond de Andrade, Denoir de Oliveira, Cecília Meireles,

Winston Churchill, Adolf Hitler, Anne Frank, Iuri Gagarin, Paul Éluard, Louis Aragon, Léo Ferré, Luís XIV, XV e XVI e Geraldo Vandré.

A escolha dos textos e o roteiro do espetáculo foram feitos por Millôr Fernandes e Flávio Rangel.

Neste exaustivo trabalho, os autores leram setenta e cinco livros, além dos três ou quatro que já tinham lido antes, gastaram nove resmas de papel e picotaram a paciência de dezessete eruditos e da Editora Civilização Brasileira. Os livros consultados se encontram na Biblioteca Nacional, com exceção de três especialmente subversivos, que foram imediatamente pulverizados no fim do trabalho.

(Aqui Vianna fecha o papel que esteve lendo e, depois de uma pausa, diz:)

Como detalhe pessoal e final, os autores e todos os participantes do espetáculo declaram que raras vezes trabalharam com tanta alegria. Se com as vozes que levantaram do silêncio da História conseguiram gravar o som da Liberdade num só dos corações presentes, estão pagos e gratos.

O espetáculo foi conduzido por Paulo Autran.

(Inversão do foco de luz, agora exclusivamente sobre Paulo Autran.)

PAULO

A última palavra é a palavra do poeta; a última palavra é a que fica.[35]

---

35. Montagem de textos baseada nas páginas finais do livro *De la tradition Théatrale*, de Jean Vilar.

A última palavra de Hamlet:
"O resto é silêncio."

A última palavra de Júlio César:
"Até tu, Brutus?"

A última palavra de Jesus Cristo:
*"Meu pai, meu pai,
por que me abandonaste?"*

A última palavra de Goethe:
"Mais luz!"

A última palavra de Booth, assassino de Lincoln:
"Inútil, Inútil..."

E a última palavra de Prometeu:
"Resisto!"

Escurecimento

(E juntamente com aquilo que a extrema presunção dos autores espera seja uma entusiasmada, delirante, ensurdecedora ovação, o coro canta os versos de *Liberdade, liberdade*.)

FIM DA SEGUNDA PARTE

Coleção L&PM POCKET

- 980. Retrato inacabado – Agatha Christie
- 981. Solanin (1) – Inio Asano
- 982. Solanin (2) – Inio Asano
- 983. Aventuras de menino – Mitsuru Adachi
- 984(16). Fatos & mitos sobre sua alimentação – Dr. Fernando Lucchese
- 985. Teoria quântica – John Polkinghorne
- 986. O eterno marido – Fiódor Dostoiévski
- 987. Um safado em Dublin – J. P. Donleavy
- 988. Mirinha – Dalton Trevisan
- 989. Akhenaton e Nefertiti – Carmen Seganfredo e A. S. Franchini
- 990. On the Road – o manuscrito original – Jack Kerouac
- 991. Relatividade – Russell Stannard
- 992. Abaixo de zero – Bret Easton Ellis
- 993(24). Andy Warhol – Mériam Korichi
- 995. Os últimos casos de Miss Marple – Agatha Christie
- 996. Nico Demo: Aí vem encrenca – Mauricio de Sousa
- 998. Rousseau – Robert Wokler
- 999. Noite sem fim – Agatha Christie
- 1000. Diários de Andy Warhol (1) – Editado por Pat Hackett
- 1001. Diários de Andy Warhol (2) – Editado por Pat Hackett
- 1002. Cartier-Bresson: o olhar do século – Pierre Assouline
- 1003. As melhores histórias da mitologia: vol. 1 – A.S. Franchini e Carmen Seganfredo
- 1004. As melhores histórias da mitologia: vol. 2 – A.S. Franchini e Carmen Seganfredo
- 1005. Assassinato no beco – Agatha Christie
- 1006. Convite para um homicídio – Agatha Christie
- 1008. História da vida – Michael J. Benton
- 1009. Jung – Anthony Stevens
- 1010. Arsène Lupin, ladrão de casaca – Maurice Leblanc
- 1011. Dublinenses – James Joyce
- 1012. 120 tirinhas da Turma da Mônica – Mauricio de Sousa
- 1013. Antologia poética – Fernando Pessoa
- 1014. A aventura de um cliente ilustre seguido de O último adeus de Sherlock Holmes – Sir Arthur Conan Doyle
- 1015. Cenas de Nova York – Jack Kerouac
- 1016. A corista – Anton Tchékhov
- 1017. O diabo – Leon Tolstói
- 1018. Fábulas chinesas – Sérgio Capparelli e Márcia Schmaltz
- 1019. O gato do Brasil – Sir Arthur Conan Doyle
- 1020. Missa do Galo – Machado de Assis
- 1021. O mistério de Marie Rogêt – Edgar Allan Poe
- 1022. A mulher mais linda da cidade – Bukowski
- 1023. O retrato – Nicolai Gogol
- 1024. O conflito – Agatha Christie
- 1025. Os primeiros casos de Poirot – Agatha Christie
- 1027(25). Beethoven – Bernard Fauconnier
- 1028. Platão – Julia Annas
- 1029. Cleo e Daniel – Roberto Freire
- 1030. Til – José de Alencar
- 1031. Viagens na minha terra – Almeida Garrett
- 1032. Profissões para mulheres e outros artigos feministas – Virginia Woolf
- 1033. Mrs. Dalloway – Virginia Woolf
- 1034. O cão da morte – Agatha Christie
- 1035. Tragédia em três atos – Agatha Christie
- 1037. O fantasma da Ópera – Gaston Leroux
- 1038. Evolução – Brian e Deborah Charlesworth
- 1039. Medida por medida – Shakespeare
- 1040. Razão e sentimento – Jane Austen
- 1041. A obra-prima ignorada seguido de Um episódio durante o Terror – Balzac
- 1042. A fugitiva – Anaïs Nin
- 1043. As grandes histórias da mitologia greco-romana – A. S. Franchini
- 1044. O corno de si mesmo & outras historietas – Marquês de Sade
- 1045. Da felicidade seguido de Da vida retirada – Sêneca
- 1046. O horror em Red Hook e outras histórias – H. P. Lovecraft
- 1047. Noite em claro – Martha Medeiros
- 1048. Poemas clássicos chineses – Li Bai, Du Fu e Wang Wei
- 1049. A terceira moça – Agatha Christie
- 1050. Um destino ignorado – Agatha Christie
- 1051(26). Buda – Sophie Royer
- 1052. Guerra Fria – Robert J. McMahon
- 1053. Simons's Cat: as aventuras de um gato travesso e comilão – vol. 1 – Simon Tofield
- 1054. Simons's Cat: as aventuras de um gato travesso e comilão – vol. 2 – Simon Tofield
- 1055. Só as mulheres e as baratas sobreviverão – Claudia Tajes
- 1057. Pré-história – Chris Gosden
- 1058. Pintou sujeira! – Mauricio de Sousa
- 1059. Contos de Mamãe Gansa – Charles Perrault
- 1060. A interpretação dos sonhos: vol. 1 – Freud
- 1061. A interpretação dos sonhos: vol. 2 – Freud
- 1062. Frufru Rataplã Dolores – Dalton Trevisan
- 1063. As melhores histórias da mitologia egípcia – Carmem Seganfredo e A.S. Franchini
- 1064. Infância. Adolescência. Juventude – Tolstói
- 1065. As consolações da filosofia – Alain de Botton
- 1066. Diários de Jack Kerouac – 1947-1954
- 1067. Revolução Francesa – vol. 1 – Max Gallo
- 1068. Revolução Francesa – vol. 2 – Max Gallo
- 1069. O detetive Parker Pyne – Agatha Christie
- 1070. Memórias do esquecimento – Flávio Tavares
- 1071. Drogas – Leslie Iversen
- 1072. Manual de ecologia (vol.2) – J. Lutzenberger

1073. **Como andar no labirinto** – Affonso Romano de Sant'Anna
1074. **A orquídea e o serial killer** – Juremir Machado da Silva
1075. **Amor nos tempos de fúria** – Lawrence Ferlinghetti
1076. **A aventura do pudim de Natal** – Agatha Christie
1078. **Amores que matam** – Patricia Faur
1079. **Histórias de pescador** – Mauricio de Sousa
1080. **Pedaços de um caderno manchado de vinho** – Bukowski
1081. **A ferro e fogo: tempo de solidão (vol.1)** – Josué Guimarães
1082. **A ferro e fogo: tempo de guerra (vol.2)** – Josué Guimarães
1084(17). **Desembarcando o Alzheimer** – Dr. Fernando Lucchese e Dra. Ana Hartmann
1085. **A maldição do espelho** – Agatha Christie
1086. **Uma breve história da filosofia** – Nigel Warburton
1088. **Heróis da História** – Will Durant
1089. **Concerto campestre** – L. A. de Assis Brasil
1090. **Morte nas nuvens** – Agatha Christie
1092. **Aventura em Bagdá** – Agatha Christie
1093. **O cavalo amarelo** – Agatha Christie
1094. **O método de interpretação dos sonhos** – Freud
1095. **Sonetos de amor e desamor** – Vários
1096. **120 tirinhas do Dilbert** – Scott Adams
1097. **200 fábulas de Esopo**
1098. **O curioso caso de Benjamin Button** – F. Scott Fitzgerald
1099. **Piadas para sempre: uma antologia para morrer de rir** – Visconde da Casa Verde
1100. **Hamlet (Mangá)** – Shakespeare
1101. **A arte da guerra (Mangá)** – Sun Tzu
1104. **As melhores histórias da Bíblia (vol.1)** – A. S. Franchini e Carmen Seganfredo
1105. **As melhores histórias da Bíblia (vol.2)** – A. S. Franchini e Carmen Seganfredo
1106. **Psicologia das massas e análise do eu** – Freud
1107. **Guerra Civil Espanhola** – Helen Graham
1108. **A autoestrada do sul e outras histórias** – Julio Cortázar
1109. **O mistério dos sete relógios** – Agatha Christie
1110. **Peanuts: Ninguém gosta de mim... (amor)** – Charles Schulz
1111. **Cadê o bolo?** – Mauricio de Sousa
1112. **O filósofo ignorante** – Voltaire
1113. **Totem e tabu** – Freud
1114. **Filosofia pré-socrática** – Catherine Osborne
1115. **Desejo de status** – Alain de Botton
1118. **Passageiro para Frankfurt** – Agatha Christie
1120. **Kill All Enemies** – Melvin Burgess
1121. **A morte da sra. McGinty** – Agatha Christie
1122. **Revolução Russa** – S. A. Smith
1123. **Até você, Capitu?** – Dalton Trevisan
1124. **O grande Gatsby (Mangá)** – F. S. Fitzgerald
1125. **Assim falou Zaratustra (Mangá)** – Nietzsche
1126. **Peanuts: É para isso que servem os amigos (amizade)** – Charles Schulz
1127(27). **Nietzsche** – Dorian Astor
1128. **Bidu: Hora do banho** – Mauricio de Sousa
1129. **O melhor do Macanudo Taurino** – Santiago
1130. **Radicci 30 anos** – Iotti
1131. **Show de sabores** – J.A. Pinheiro Machado
1132. **O prazer das palavras** – vol. 3 – Cláudio Moreno
1133. **Morte na praia** – Agatha Christie
1134. **O fardo** – Agatha Christie
1135. **Manifesto do Partido Comunista (Mangá)** – Marx & Engels
1136. **A metamorfose (Mangá)** – Franz Kafka
1137. **Por que você não se casou... ainda** – Tracy McMillan
1138. **Textos autobiográficos** – Bukowski
1139. **A importância de ser prudente** – Oscar Wilde
1140. **Sobre a vontade na natureza** – Arthur Schopenhauer
1141. **Dilbert (8)** – Scott Adams
1142. **Entre dois amores** – Agatha Christie
1143. **Cipreste triste** – Agatha Christie
1144. **Alguém viu uma assombração?** – Mauricio de Sousa
1145. **Mandela** – Elleke Boehmer
1146. **Retrato do artista quando jovem** – James Joyce
1147. **Zadig ou o destino** – Voltaire
1148. **O contrato social (Mangá)** – J.-J. Rousseau
1149. **Garfield fenomenal** – Jim Davis
1150. **A queda da América** – Allen Ginsberg
1151. **Música na noite & outros ensaios** – Aldous Huxley
1152. **Poesias inéditas & Poemas dramáticos** – Fernando Pessoa
1153. **Peanuts: Felicidade é...** – Charles M. Schulz
1154. **Mate-me por favor** – Legs McNeil e Gillian McCain
1155. **Assassinato no Expresso Oriente** – Agatha Christie
1156. **Um punhado de centeio** – Agatha Christie
1157. **A interpretação dos sonhos (Mangá)** – Freud
1158. **Peanuts: Você não entende o sentido da vida** – Charles M. Schulz
1159. **A dinastia Rothschild** – Herbert R. Lottman
1160. **A Mansão Hollow** – Agatha Christie
1161. **Nas montanhas da loucura** – H.P. Lovecraft
1162(28). **Napoleão Bonaparte** – Pascale Fautrier
1163. **Um corpo na biblioteca** – Agatha Christie
1164. **Inovação** – Mark Dodgson e David Gann
1165. **O que toda mulher deve saber sobre os homens: a afetividade masculina** – Walter Riso
1166. **O amor está no ar** – Mauricio de Sousa
1167. **Testemunha de acusação & outras histórias** – Agatha Christie
1168. **Etiqueta de bolso** – Celia Ribeiro
1169. **Poesia reunida (volume 3)** – Affonso Romano de Sant'Anna
1170. **Emma** – Jane Austen
1171. **Que seja em segredo** – Ana Miranda
1172. **Garfield sem apetite** – Jim Davis

1173. Garfield: Foi mal... – Jim Davis
1174. Os irmãos Karamázov (Mangá) – Dostoiévski
1175. O Pequeno Príncipe – Antoine de Saint-Exupéry
1176. Peanuts: Ninguém mais tem o espírito aventureiro – Charles M. Schulz
1177. Assim falou Zaratustra – Nietzsche
1178. Morte no Nilo – Agatha Christie
1179. É, soneca boa – Mauricio de Sousa
1180. Garfield a todo o vapor – Jim Davis
1181. Em busca do tempo perdido (Mangá) – Proust
1182. Cai o pano: o último caso de Poirot – Agatha Christie
1183. Livro para colorir e relaxar – Livro 1
1184. Para colorir sem parar
1185. Os elefantes não esquecem – Agatha Christie
1186. Teoria da relatividade – Albert Einstein
1187. Compêndio da psicanálise – Freud
1188. Visões de Gerard – Jack Kerouac
1189. Fim de verão – Mohiro Kitoh
1190. Procurando diversão – Mauricio de Sousa
1191. E não sobrou nenhum e outras peças – Agatha Christie
1192. Ansiedade – Daniel Freeman & Jason Freeman
1193. Garfield: pausa para o almoço – Jim Davis
1194. Contos do dia e da noite – Guy de Maupassant
1195. O melhor de Hagar 7 – Dik Browne
1196.(29). Lou Andreas-Salomé – Dorian Astor
1197.(30). Pasolini – René de Ceccatty
1198. O caso do Hotel Bertram – Agatha Christie
1199. Crônicas de motel – Sam Shepard
1200. Pequena filosofia da paz interior – Catherine Rambert
1201. Os sertões – Euclides da Cunha
1202. Treze à mesa – Agatha Christie
1203. Bíblia – John Riches
1204. Anjos – David Albert Jones
1205. As tirinhas do Guri de Uruguaiana 1 – Jair Kobe
1206. Entre aspas (vol.1) – Fernando Eichenberg
1207. Escrita – Andrew Robinson
1208. O spleen de Paris: pequenos poemas em prosa – Charles Baudelaire
1209. Satíricon – Petrônio
1210. O avarento – Molière
1211. Queimando na água, afogando-se na chama – Bukowski
1212. Miscelânea septuagenária: contos e poemas – Bukowski
1213. Que filosofar é aprender a morrer e outros ensaios – Montaigne
1214. Da amizade e outros ensaios – Montaigne
1215. O medo à espreita e outras histórias – H.P. Lovecraft
1216. A obra de arte na era de sua reprodutibilidade técnica – Walter Benjamin
1217. Sobre a liberdade – John Stuart Mill
1218. O segredo de Chimneys – Agatha Christie
1219. Morte na rua Hickory – Agatha Christie
1220. Ulisses (Mangá) – James Joyce
1221. Ateísmo – Julian Baggini
1222. Os melhores contos de Katherine Mansfield – Katherine Mansfied
1223.(31). Martin Luther King – Alain Foix
1224. Millôr Definitivo: uma antologia de A Bíblia do Caos – Millôr Fernandes
1225. O Clube das Terças-Feiras e outras histórias – Agatha Christie
1226. Por que sou tão sábio – Nietzsche
1227. Sobre a mentira – Platão
1228. Sobre a leitura seguido do Depoimento de Céleste Albaret – Proust
1229. O homem do terno marrom – Agatha Christie
1230.(32). Jimi Hendrix – Franck Médioni
1231. Amor e amizade e outras histórias – Jane Austen
1232. Lady Susan, Os Watson e Sanditon – Jane Austen
1233. Uma breve história da ciência – William Bynum
1234. Macunaíma: o herói sem nenhum caráter – Mário de Andrade
1235. A máquina do tempo – H.G. Wells
1236. O homem invisível – H.G. Wells
1237. Os 36 estratagemas: manual secreto da arte da guerra – Anônimo
1238. A mina de ouro e outras histórias – Agatha Christie
1239. Pic – Jack Kerouac
1240. O habitante da escuridão e outros contos – H.P. Lovecraft
1241. O chamado de Cthulhu e outros contos – H.P. Lovecraft
1242. O melhor de Meu reino por um cavalo! – Edição de Ivan Pinheiro Machado
1243. A guerra dos mundos – H.G. Wells
1244. O caso da criada perfeita e outras histórias – Agatha Christie
1245. Morte por afogamento e outras histórias – Agatha Christie
1246. Assassinato no Comitê Central – Manuel Vázquez Montalbán
1247. O papai é pop – Marcos Piangers
1248. O papai é pop 2 – Marcos Piangers
1249. A mamãe é rock – Ana Cardoso
1250. Paris boêmia – Dan Franck
1251. Paris libertária – Dan Franck
1252. Paris ocupada – Dan Franck
1253. Uma anedota infame – Dostoiévski
1254. O último dia de um condenado – Victor Hugo
1255. Nem só de caviar vive o homem – J.M. Simmel
1256. Amanhã é outro dia – J.M. Simmel
1257. Mulherzinhas – Louisa May Alcott
1258. Reforma Protestante – Peter Marshall

1259. História econômica global – Robert C. Allen
1260. (33). Che Guevara – Alain Foix
1261. Câncer – Nicholas James
1262. Akhenaton – Agatha Christie
1263. Aforismos para a sabedoria de vida – Arthur Schopenhauer
1264. Uma história do mundo – David Coimbra
1265. Ame e não sofra – Walter Riso
1266. Desapegue-se! – Walter Riso
1267. Os Sousa: Uma família do barulho – Mauricio de Sousa
1268. Nico Demo: O rei da travessura – Mauricio de Sousa
1269. Testemunha de acusação e outras peças – Agatha Christie
1270. (34). Dostoiévski – Virgil Tanase
1271. O melhor de Hagar 8 – Dik Browne
1272. O melhor de Hagar 9 – Dik Browne
1273. O melhor de Hagar 10 – Dik e Chris Browne
1274. Considerações sobre o governo representativo – John Stuart Mill
1275. O homem Moisés e a religião monoteísta – Freud
1276. Inibição, sintoma e medo – Freud
1277. Além do princípio de prazer – Freud
1278. O direito de dizer não! – Walter Riso
1279. A arte de ser flexível – Walter Riso
1280. Casados e descasados – August Strindberg
1281. Da Terra à Lua – Júlio Verne
1282. Minhas galerias e meus pintores – Kahnweiler
1283. A arte do romance – Virginia Woolf
1284. Teatro completo v. 1: As aves da noite seguido de O visitante – Hilda Hilst
1285. Teatro completo v. 2: O verdugo seguido de A morte do patriarca – Hilda Hilst
1286. Teatro completo v. 3: O rato no muro seguido de Auto da barca de Camiri – Hilda Hilst
1287. Teatro completo v. 4: A empresa do novo sistema – Hilda Hilst
1289. Fora de mim – Martha Medeiros
1290. Divã – Martha Medeiros
1291. Sobre a genealogia da moral: um escrito polêmico – Nietzsche
1292. A consciência de Zeno – Italo Svevo
1293. Células-tronco – Jonathan Slack
1294. O fim do ciúme e outros contos – Proust
1295. A jangada – Júlio Verne
1296. A ilha do dr. Moreau – H.G. Wells
1297. Ninho de fidalgos – Ivan Turguêniev
1298. Jane Eyre – Charlotte Brontë
1299. Sobre gatos – Bukowski
1300. Sobre o amor – Bukowski
1301. Escrever para não enlouquecer – Bukowski
1302. 222 receitas – J. A. Pinheiro Machado
1303. Reinações de Narizinho – Monteiro Lobato
1304. O Saci – Monteiro Lobato
1305. Memórias da Emília – Monteiro Lobato
1306. O Picapau Amarelo – Monteiro Lobato
1307. A reforma da Natureza – Monteiro Lobato
1308. Fábulas seguido de Histórias diversas – Monteiro Lobato
1309. Aventuras de Hans Staden – Monteiro Lobato
1310. Peter Pan – Monteiro Lobato
1311. Dom Quixote das crianças – Monteiro Lobato
1312. O Minotauro – Monteiro Lobato
1313. Um quarto só seu – Virginia Woolf
1314. Sonetos – Shakespeare
1315. (35). Thoreau – Marie Berthoumieu e Laura El Makki
1316. Teoria da arte – Cynthia Freeland
1317. A arte da prudência – Baltasar Gracián
1318. O louco seguido de Areia e espuma – Khalil Gibran
1319. O profeta seguido de O jardim do profeta – Khalil Gibran
1320. Jesus, o Filho do Homem – Khalil Gibran
1321. A luta – Norman Mailer
1322. Sobre o sofrimento do mundo e outros ensaios – Schopenhauer
1323. Epidemiologia – Rodolfo Sacacci
1324. Japão moderno – Christopher Goto-Jones
1325. A arte da meditação – Matthieu Ricard
1326. O adversário secreto – Agatha Christie
1327. Pollyanna – Eleanor H. Porter
1328. Espelhos – Eduardo Galeano
1329. A Vênus das peles – Sacher-Masoch
1330. O 18 de brumário de Luís Bonaparte – Karl Marx
1331. Um jogo para os vivos – Patricia Highsmith
1332. A tristeza pode esperar – J.J. Camargo
1333. Vinte poemas de amor e uma canção desesperada – Pablo Neruda
1334. Judaísmo – Norman Solomon
1335. Esquizofrenia – Christopher Frith & Eve Johnstone
1336. Seis personagens em busca de um autor – Luigi Pirandello
1337. A Fazenda dos Animais – George Orwell
1338. 1984 – George Orwell
1339. Ubu Rei – Alfred Jarry
1340. Sobre bêbados e bebidas – Bukowski
1341. Tempestade para os vivos e para os mortos – Bukowski
1342. Complicado – Natsume Ono
1343. Sobre o livre-arbítrio – Schopenhauer
1344. Uma breve história da literatura – John Sutherland
1345. Você fica tão sozinho às vezes que até faz sentido – Bukowski
1346. Um apartamento em Paris – Guillaume Musso
1347. Receitas fáceis e saborosas – José Antonio Pinheiro Machado
1348. Por que engordamos – Gary Taubes
1349. A fabulosa história do hospital – Jean-Noël Fabiani
1350. Voo noturno seguido de Terra dos homens – Antoine de Saint-Exupéry
1351. Doutor Sax – Jack Kerouac
1352. O livro do Tao e da virtude – Lao-Tsé
1353. Pista negra – Antonio Manzini
1354. A chave de vidro – Dashiell Hammett
1355. Martin Eden – Jack London

lepmeditores

www.lpm.com.br
o site que conta tudo

Impresso na Gráfica BMF
2023